Johann Wilhelm Christian Steiner

Zur Urgeschichte der Stadt Seligenstadt

Johann Wilhelm Christian Steiner

Zur Urgeschichte der Stadt Seligenstadt

ISBN/EAN: 9783743666801

Hergestellt in Europa, USA, Kanada, Australien, Japan

Cover: Foto ©ninafisch / pixelio.de

Weitere Bücher finden Sie auf **www.hansebooks.com**

Zur Urgeschichte

der

Stadt Seligenstadt,

ein Nachtrag zur Schrift:

das Castrum Selgum,

bezüglich auf eine daselbst und im Codex inscriptt. roman. Danubii et Rheni I. S. 81 und IV. S. 686, befindliche Inschrift mit der fortgesetzten Biographie des Verfassers (Seite 13)

Hofrath Dr. Steiner,

Historiographen des Großherzoglich Hessischen Hauses und Landes, Ritter erster Klasse des Großherzoglich Hessischen Philippsordens, Inhaber der K. K. Oesterreichischen goldenen Gelehrten Verdienst-Medaille, Mitglied der K. Akademie der Wissenschaften zu München ꝛc.

Groß-Steinheim, 1863.

Auf Kosten und im Verlage des Verfassers

Kittsteiner'sche Buchdruckerei in Hanau.

Seinen

Höchsten und Hohen Gönnern und Beschützern,

seinen Freunden und Angehörigen

widmet diese Schrift

als Programm zur Feier des nach bereits am 28. Juli 1858 zurückgelegten 50jährigen Dienst- und Schriftsteller-Jubiläums, ersten Lustrums am 28. Juli 1863

in Liebe, Dankbarkeit und Treue

der Verfasser.

Vorbemerkung.

Fünfzigjährige Staatsdienstjubiläen gehören bereits seit ohngefähr 20 Jahren zu den großen Seltenheiten, und zu den größten die sechszigjährigen (sog. diamantnen). Als eine in der Mitte der beiden stehende größere Seltenheit erscheinen daher die den fünfzigjährigen nachfolgenden fünfjährigen Jubiläen, wie nunmehr ein solches der Verfasser, sowohl auf vielseitig ausgesprochenen Wunsch seiner Gönner und Freunde als auch allerdings der größern und deßhalb einer öffentlichen Kundgebung werthen Seltenheit wegen, wenn auch nur still und auf jede Feierlichkeit verzichtend, blos durch Bekanntgebung gegenwärtiger Schrift feiern will, worin zunächst seinen Höchsten und Hohen Gönnern und Beschützern, ferner seinen Freunden, Correspondenten seines Faches, sonst Bekannten und Verwandten (neben einer historischen Abhandlung) eine dessen nunmehr 55jährige Wirksamkeit auf dem Felde des öffentlichen Berufs von anderer Hand aus dessen autobiographischen Notizen verfaßte Schluß-Schilderung mit einfließenden Bemerkungen aus dessen Privatleben als Fortsetzung der im Programm von 1858 befindlichen Biographie mitgetheilt wird.

Gegenwärtiges Programm besteht daher aus zwei Abtheilungen: unter Nr. I, über das Castrum Selgum und den wahren Ursprung des Namens Seligenstadt im Anschlusse an die Abhandlung des Verfassers „das Castrum Selgum 1858" und Nr. II, aus der Fortsetzung der Biographie des Verfassers.

I.

Nachfolgender Aufsatz des Jubilars befindet sich in dessen Codex i. r. Danubii et Rheni IV, S. 686, f. Da dieses Werk nur in größeren öffentlichen Bibliotheken des In- und Auslandes zu finden ist, so halte ich es für nützlich und zweckmäßig, diesen Aufsatz durch gegenwärtiges Programm für ein größeres Publikum auch unter Privaten Verbreitung zu geben und Das, was ich darin anführe, als aus guter Quelle und natürlichen Folgerungen geschöpft, über die Bedeutung des Namens Seligenstadt für das Richtigste zu erklären und anzuempfehlen. Die Kürze des Aufsatzes hat nicht gehindert, diesen Gegenstand deutlich zu machen: in der Hauptsache ist die darin befindliche neue Ansicht mit ausreichendem Beweis ihrer Richtigkeit versehen. Zum näheren Verständniß oder eigentlich blos zur Erweiterung verschiedener Betrachtungen dieses Aufsatzes habe ich jedoch noch mehrere nützliche Anmerkungen unten beizufügen nicht gerade für überflüssig gehalten. Der Aufsatz a. a. O. lautet wie folgt: Zu der in der Schrift „das Castrum Selgum", S. 16, aufgestellten Behauptung, daß der latinisirte keltische Name Selgum oder Selgium, [1])

---

[1]) Solcher latinisirten topischen Namen von Wohnplätzen oder blos unbewohnten Oertlichkeiten gibt es im Donau- und Rheingebiet sehr viele z. B. in jenem: Laurianum, Cod. IV, 527 Ovitaba das. IV, 517, Cetium das. IV, 556, Vindobona das. IV, 567 Carnuntum das. IV, 587. Ob der Name Selgum oder Selgium auf eine bewohnte oder unbewohnte Oertlichkeit, wo die Sahlweide in Menge wächst, deutet (s. u. die Erklärung Sählig, Sellig, Selg) ist nicht zu bestimmen, vielleicht jedoch auf eine wegen der Nähe des Mains von Fischern bewohnte Oertlichkeit, in welchem nicht gerade unwahrscheinlichen Falle einer der beiden Hügeln, oder beide zugleich, zwischen welchen der von Sahlweiden bewachsene

wie ihn ohne Zweifel die dort mitgetheilten fragmentarischen Inschriften früher vollständig enthalten haben, von dem Worte Selg oder Zelg,[2]) womit man angebautes Feld bezeichnet, ab

Bach floß und noch fließt, in vorrömischer Zeit mit Wohnungen besetzt gewesen wären. Daß die Römer späterhin hier ein Castell erbauten, ist übrigens kein Beweis für eine daselbst befindlich gewesene bewohnte Oertlichkeit. Man baute im erorberten Lande nach strategischer Regel auf hauptsächlich gut gelegenen Plätzen einerlei ob sie vorher bewohnt waren oder nicht.

Da der Name Sählig, Sellig, Selg, welcher in der Umgegend von Seligenstadt noch viermal auf niemals damals bewohnten Stellen vorkommt, und daher ein appellativer ist, so wäre dieses ein Gegenbeweis wider die Annahme des Bewohnens derselben, wenn nicht etwa doch des gelegenen Platzes wegen, hier die Existenz von Fischerwohnungen anzunehmen wäre. Im Falle des Nichtbewohntseyns dieses Sähligs hätten wir einen Fall der römischen Namensschöpfung nach einem Appellationem, wie die Römer ihre auf vorher nicht mit Namen versehenen strategisch gelegenen Plätzen erbauten Castelle ebenfalls nur appellativ Castellum, Burgum nannten und wonach z. B. die Ortsnamen Dieburg, s. Steiners Maingebiet, S. 239 und Kesselstadt das., S. 160 zu deuten sind.

2) Das Wort Selg kommt in zweierlei, unter sich sehr verschiedenen Bedeutungen vor: 1) als positives Appellativum (nach der Erklärung in der Schrift „Castrum Selgum, S. 16,") a. bezüglich auf gewisse Rechtsverhältnisse einzelner Theile eines Gutes, b. auf bebautes Feld überhaupt, c. auf mit gewissen namentlich bezeichneten Früchten bestelltes Feld. 2) als Abkürzung des Wortes Sellig d. i. Sählig (Sahlweidenschlag.) Jene Selge trifft man nur in Süddeutschland in dem Donaugebiet an, im Maingebiete dagegen gar nicht, darüber habe ich auf die in neuerer Zeit (nach dem Erscheinen des Castrum Selgum) vielfach angestellten Untersuchungen durch Anfragen, Lesen vieler Urkunden Gewißheit erlangt.

Zu der grammatikalischen Verschiedenheit beider Wörter kommt noch die der damit gemeinten Bodenbeschaffenheit; der süddeutsche Selg (oder das Selg!) kann nur auf Feldfrüchte tragendem Boden gesucht werden, das mainländische Selg dagegen auf Sumpfplätzen und wässerigen Wiesenniederungen, wie sich das Letztere in den im Texte benannten Localitäten vollkommen bestätigt.

zuleiten sey, gebe ich nachfolgende bessere in Bezug auf die in hiesiger Gegend des Mains oft vorkommenden Benennungen, wo die Sahlweide wächst. Es sind folgende: die Selgen sträuche zu Kleinwelzheim, ein Gelände mit Gebüsch und alten Weiden, der Selgensee in der Gemarkung Großwelzheim, eine sumpfige Niederung mit Weiden, das Sellig in der Gemarkung Kahl und der Sellig, auch abgekürzt Selg, in der Gemarkung Klein-Krotzenburg, Wiesenniederungen mit Weiden.[3])

---

[3]) Vor 35 Jahren sah ich das? (den) Kleinkrotzenburger Selg noch im vollen uralten Bestand großer Sahlweidenbäume in deren Stämmen und Astlöchern zahlreiche Eulenfamilien nisteten. In der Nähe dieses edeln minervischen Vogels damals wohnend, hörte ich in nächtlicher Stille, am Schreibtische mit Studien beschäftigt, seine eintönige Stimme nicht als Mahnung zur Ruhe des Bettes oder als schlimme Vorbedeutung eines bald kommenden Todes geliebter Angehörigen, wie sie der Aberglaube deutet und diesem unschuldigen einstens geheiligten Vogel Verderben und beinahe Ausrottung zu bringen scheint (namentlich auch von Jagdliebhabern, seiner Raubeigenschaft wegen, oder von furchtsamen Landleuten, die als Zeichen ihrer Vertilgungswuth gefangene Eulen grausam genug annagelnd, als Scheuche gegen diebische Sperlinge, oder geradezu die Eulenpropbezeihung, sich dagegen sichernd, zu entkräften) nicht sage ich als Mahnung zur Ruhe oder Todes-Vorbedeutung, sondern als begeisternde und studienfreundliche, aus der uralten gläubigen minervischen Zeit auf die Neuzeit herübergetragene, Stimme, bei welcher die Phantasie des Gläubigen Reize zum stillen Nachdenken findet. O schöne Zeit meines jüngeren Mannesalters und meiner damals mit Eifer und Liebe betriebenen Studien insbesondere für das Werk über das römische Maingebiet und den Plan zur Herausgabe des Codex inscrp. einer Studienliebe überhaupt, die mir zum steten späteren Produciren neuer Werke und Schriften bis zum schrecklichen Tage des Anfangs meiner langen Krankheit (7. Januar 1863) verblieben ist, indem ich nicht lange zuvor die Biographie der Höchstseligen Großherzogin Mathilde aus dem Drucke erhalten und für die Gemeinden Groß- und Kleinsteinheim eine wichtige im Drucke erschienene an Großherzogliches Ministerium des Innern gerichtete Petition, wegen Erbauung einer Doppelbrücke (Eisenbahn- und zugleich Passagierbrücke) bei Steinheim, im Auftrag

Diese Benennungen, insbesondere die letzteren Selg d. i. Sehlig, wie oft statt Sählig, erinnern an verschiedene Analogien von Namen ähnlicher Art. Es sind folgende aus hiesiger Gegend: das Weidig am Mainufer bei Krotzenburg, wo Weiden wachsen[4]), das Simmig oder Semmig in der Gemarkung Seligenstadt, wo die Semen d. i. kleines Bindrohr vorkommen, das Reisig bei Kahl, eine Fläche, wo ehemals niederes Gehölz wuchs, und jetzt zu Feld cultivirt ist, das Brischig, eine Feldflur bei Kahl, wo das ausgegangene Dorf Brischos lag. Man erinnere sich hierbei noch an das „Kästrich" (Kestriche) zu Mainz, wohl von der Käste (Kastanie) vielleicht auch von Castrum? so benennt und an das „Kirschrech" daselbst, eine Oertlichkeit, wo ehemals Kirschbäume gepflanzt wurden, ursprünglich auch Kirschrig genannt.

Wir kommen mit diesen Beobachtungen auf Seligenstadt zurück, wo, wie bereits u. a. O. erklärt wurde, auf beiden von einem in der Thalniederung fließenden Bache[5]) getrennten Hügeln das römische Castrum erbaut wurde. Diese Niederung,

---

beider Gemeinden ausgearbeitet hatte. Die schwere Krankheit ist überstanden, und nach viermonatlicher Leidenszeit die Reconvalescenz mit der Hoffnung zu erneuter Thätigkeit, wie es diese Zeilen zeigen, eingetreten.

Da der Name Selg, lediglich ursprünglich auf der längs zweier Feldgewannen und dem Kappusfelde ziehenden Wiesenniederung haftet, jedoch ein Theil dieses Feldes ebenfalls „im Selg" genannt wird, so ist derselbe, wie es oft vorkommt, nur eine Uebertragung des Namens auf Nachbarstücke, kein ursprünglicher derselben, schon aus Rücksicht der auf sie der Bodenbeschaffenheit wegen gar nicht passenden Bedeutung des Wortes Sellig d. i. Sählig.

[4]) Bei Steinheim, Dietesheim, Mühlheim, Bürgel u. a. O., gleiche Benennungen der Uferweidenschläge.

[5]) In den Klosterbach, welcher längs dieser Niederung nach dem Main fließt und zwei Mühlen treibt, floß vor der benannten Zeit, ehe die Moormühle erbaut worden war, der Moorbach, welcher seinen Ursprung in dem Moorgelände bei Zellhausen und dem ausgegangenen Dorfe Zelle hat.

ursprünglich nach ihrer feuchten Lage[6]) eben so wie jene obengenannten viere der Umgegend, eine geeignete Stelle für den Wachsthum der Sahlweide[7]) trug, wie dort, davon, laut römischer Inschrift, den Namen Sellig oder abgekürzt Selg, wovon das Castrum seinen Namen erhielt.

Die Stätte, auf welcher dieses Castrum lag, und wo in nachrömischer Zeit[8]) weiter gebaut wurde, hieß nach „Castrum Selgum S. 17", zu Karls des Großen Zeiten Seligenstat und später 20mal urkundlich (s. das.) Selgenstat, Selginstat Saleginstat nach dem ursprünglich von Sellig d. i. Sälig abgekürzten Namen Selg latinisirt Selgum oder Selgium[9])

[6]) Feucht sowohl durch den Zufluß des Moorbachs in den Klosterbach, als auch durch die bei höherem Wasserstande des Mains in dessen Niederung tretende Fluth.

[7]) Ich sah noch vor 40 Jahren längs dieses Baches außerhalb der Stadt viele Sahlweidenbäume stehen, die später wegen der Wiesencultur, wie im Selg zu Kleinkrotzenburg geschehen ist, ausgerottet wurden.

[8]) Namentlich wahrscheinlich ein Palast Kaiser Karls des Großen, welcher im Jahre 802 seiner Regierung von hier eine Urkunde ausstellen ließ.

[9]) Selgi oder Selgii statio. Davon das ins deutsche übertragene Wort Stat und in nachrömischer Zeit auf den einfachen Namen des vormaligen Castrums Selgum hinweisend: Selgenstat. Im Allgemeinen bedeutet Statio einen festen Wohnsitz mit Gebäuden, sey es, daß er zu militärischen oder bürgerlichen Zwecken bestanden habe, oder für die öffentlichen Posten (cursus publicus). Die in fränkischer Zeit auf diese Weise (durch die Apposition Stat) entstandenen Namen beziehen sich, was vormals römische Wohnplätze betrifft, jederzeit natürlich auf die Vergangenheit. Für die Gegenwart jener Zeit hatte man übrigens ebenfalls sehr oft das „Stat" im Gebrauch und zwar mitunter für neue Gründungen auf verfallenen und verlassenen Römerstätten oder auf anderen bisher noch nicht angebaut gewesenen Oertlichkeiten.

Zu den Zeiten Kaiser Karls des Großen und Ludwigs des Frommen bestanden die beiden Namen Selgenstat und Mühlinheim urkundlich nebeneinander, jener für die Oertlichkeit des ehemaligen

Obige an die Stelle der Erklärung von Selg, Zelg (gebautes Feld) tretende Nachweisung erscheint um so richtiger, als sich daran noch viele andere analoge Benennungen knüpfen lassen z. B. aus dem Nassauischen die Ortsnamen: Salscheid, Salheim, Salbach, nach Friedemanns Erklärung in den Annalen des N. Alth.=V. IV 2, S. 400 f. von der Sahlweide.

Castrums, dieser für den dabei gelegen gewesenen aus einer langen Gasse bestandenen Vicus (theilweise die vormalige mühlheimer, seit einigen Jahren die Römergasse genannt.)

Damals scheint noch ein richtiger Begriff über die Entstehung des Namens Selgenstat schon wegen der Form dieser urkundlichen Schreibung obgewaltet zu haben, und erst später, nachdem das Kloster erbaut war, und die Wallfahrten dahin dem Ort Berühmtheit und Verkehr brachten, jene Erfindungen und fabelhaften Sagen in das unwissende und leichtgläubige Publikum (weiß man nicht viele ähnliche Fälle aus der Jetztzeit politischer Weltverbesserer?) gekommen zu seyn, s. Castrum Selgum, S. 18, f.

Schließlich ist noch zu bemerken, daß nach dem oben und an andern Orten Gesagten, der Name Selgenstat nicht direkt von Selg, Sellig, sondern, nach dem das Castrum den Namen zuerst davon erhalten hatte, von dem latinisirten Selgum (um in die deutsche Endsylbe en verwandelnd) abstammt.

II.

Soweit der Jubilar. Wir gehen nunmehr zum biographischen Theile dieses Programms über, welches eben so wie jenes im Jubiläumsprogramm von 1858 von anderer Hand verfaßt ist und sich diesem anschließt.

Mit Freude und gerührtem Danke gedenkt der Jubilar der freundlichsten Theilnahme, welche ihm aus Anlaß des seltenen Festes eines 50jährigen Dienst- und Schriftsteller-Jubiläums von Höchsten und Hohen fürstlichen Häuptern, Corporationen, Privaten, Verwandten und Freunden durch Ehrenverleihungen, Auszeichnungen, Glückwünsche, Zuschriften und Geschenke damals zu Theil geworden ist. Es ist daher jetzt dessen lange her im Herzen getragener freudiger Wunsch, daß zu seinem wiederholten, gegenwärtig zum ersten Male durch den Druck öffentlich ausgesprochenen Danke und bleibenden Andenken hier vorerst die Namen aller hierbei betheiligt gewesenen Personen verschiedener Stände und Corporationen verzeichnet und dabei ihrer auf mannichfache Weise kundgegebenen besonderen Theilnahme gedacht wird, worauf sofort die Beschreibung des am 28. Juli 1858 abgehaltenen Festes folgen und dann von der Wirksamkeit des Jubilars während der von 1858 bis jetzt nächst abgelaufenen 5 Jahre das dahin Gehörige mitgetheilt werden wird.

Stand und Namen oben erwähnter Personen sind folgende. Der Corporationen wird nächstdem gedacht.

Ludwig III, Großherzog von Hessen und bei Rhein, Königliche Hoheit. Allerhöchstderselbe verlieh dem Jubilar allergnädigst das Ritterkreuz erster Klasse des Verdienstordens Philipps des Großmüthigen (Verleihungsdekret vom 7. Juli 1858) und Seine Excellenz der Großherzogliche Herr Staatsminister Freiherr von Dalwigk zu Darmstadt übersendete diese

Decoration, nebst Patent, dem Jubilar mit folgendem Schreiben:

Hochgeehrtester Herr Hofrath

Ew. Wohlgeboren habe ich die Ehre, ergebenst zu benachrichtigen, daß Seine Königliche Hoheit der Großherzog Ihnen als Anerkennung Ihrer langjährigen schriftstellerischen Leistungen, namentlich im Gebiete der Hessischen Geschichte, bei Gelegenheit des seltenen und schönen Festes, welches Sie zu feiern im Begriffe stehen, das Ritterkreuz des Verdienstordens Philipps des Großmüthigen allergnädigst zu verleihen geruht haben.

Indem ich Ew. Wohlgeboren, unter Uebersendung des Allerhöchsten Verleihungsdekrets nebst der Decoration, meinen aufrichtigen Glückwunsch zu dieser Ihnen zu Theil gewordenen Auszeichnung hiermit ausdrücke, verbleibe ich in der Hoffnung, daß es Ihnen noch lange vergönnt seyn möge, in gleich ersprießlicher Weise zu wirken, mit vollkommenster Hochachtung. Ew. Wohlgeboren ergebenster

Dalwigk.

Darmstadt, den 10. Juli 1858.

Se. K. K. Majestät der Kaiser Ferdinand von Oesterreich ließen mittels Cabinetschreiben für die Ueberreichung des Jubiläumsprogramms, unter Beifügung des Preises einer Anzahl Exemplare desselben, allergnädigst glückwünschend danken. Ebenso Ihre Majestäten die damals regierenden Könige von Belgien, Preußen, Hannover, Baden, Bayern, Griechenland, Würtemberg, Ihre Königliche Hoheit der damals regierende Großherzog von Oldenburg (unter Beifügung einer werthvollen Busennadel), von Mecklenburg Schwerin, von Mecklenburg Strelitz, Baden, Sachsen-Weimar, Ihre Hoheiten die damals regierenden Herzoge von Nassau, Anhalt-Bernburg, Anhalt-Dessau, Sachsen-Altenburg, Sachsen-Koburg-Gotha, Modena, (Kaiserl. Hoheit). Ihre Hochfürstliche Durchlauchten der damals regierenden Fürsten Reuß-Greiz, Reuß-Schleiz,

Schwarzburg-Rudolstadt, Schwarzburg-Sondershausen, zur Lippe-Detmold, Lippe-Bückeburg, Lichtenstein, des Landgrafen von Hessen Homburg, Sr. K. Hoheit des Herzogs Max in Bayern, Ihrer Großherzoglichen Hoheiten der Prinzen Karl und Alexander von Hessen, Ihrer Durchlauchten der Fürsten Thurn und Taxis, Leiningen, Löwenstein-Wertheim Rosenberg-Fürstenberg, Ysenburg-Büdingen, Sr. Erlaucht des damals regierenden Grafen Erbach-Schönberg, der Herren v. Schäffer-Bernstein, Großh. General der Infanterie und Kriegsminister Excellenz zu Darmstadt, Jaup, Oberconsistorial-Präsident, vormals Staatsminister Excellenz daselbst, Dr. Mitzenius, Hof-Bibliothek-Director das., Dr. Walther, Großherzl. Cabinets-Bibliothek-Director das., Großherzl. Hofrath Pabst das., Großherzl. Hauptmann Hesserich das., Großherzl. Registrator Zehfuß das., Großherzl. Landgerichts-Assessor Weis das., damals zu Lorsch, mit Uebersendung folgenden schönen von ihm gefertigten Gedichtes.

Lorsch, den 22. Juli 1858.

Zum 28. Juli 1858.

Chronos! wenn Du im Flug um die allesernährende Erde
Auf hochragendem Thurme Steinheims des bergigen, ausruhst,
Und von Freigerichts Höhen den Blick in die Ebene wendest,
Wenn Dein Auge dann trifft Kleinkrotzenburgs friedliches Oertchen,
Wo am blinkenden Main in der Bäume schattigem Laubdach
Still und beschaulich Ludewigshaus in den Fluthen sich abglänzt,
Chronos! berühre dies Haus, wenn Du vorüber ziehst, im Fluge nicht!
Fliehe gesenkteren Blicks, hier wohnt der mächtige Feind Dir!
Fliehe beschämteren Blicks! der Du gleichgültigen Fußes
Burgen, Castelle zertratst, die Straßennetze verwischtest,
Wo mit Waffengeklirr einst Legionen erfüllten,
Welche Cultur uns gebracht, obgleich sie verhaßteste Römer!
Flieh! hier denket Dein Feind, der, was Du lässig verwüstet,
In nie alterndem Werk uns klar zu Tage gefördert,
Und aus verwittertem Stein verschollenes Leben heraufruft,
Welcher Vereine sogar, die Dich ankämpfen, gestiftet!
Flieh! Und Du Jubilar, dem noch erhöhteres Alter

Weder die Frische des Geistes noch der Jugend Eifer gemindert,
Möge doch Klio stets den ehernen Griffel Dir leiten,
Möge sie stets Dir beschützen des Hauses stille Panaten,
Daß die Ruhe Dir sey, die ewige Werke hervorbringt.

Ferner sind als Glückwünschende zu nennen: der durch seine zahlreichen historischen und statistischen Werke hochverdiente Großherzogliche Hofrath Wegner zu Roßdorf, Inhaber der goldnen Verdienstmedaille des Ludwigsordens für Kunst und Wissenschaft, dessen herzliche und echt freundschaftliche Zuschrift unter Anderm die Stelle enthält: „Möge der Himmel Ihnen noch lange das erhebende und wärmende Gefühl verleihen, das alle Die haben, die mit Wahrheit sagen können, „Ich habe nicht vergeblich gelebt". Der Großherzl. Domainenrath Melchior zu Gießen, der Großherzl. Baurath Eikemeyer zu Offenbach, der Pfarrer Schuhknecht zu Nauheim bei Großgerau (drei langjährige treue, biedere, und theilnehmende Freunde des Jubilars), der Gräfliche Kammerath Brodrük zu Büdingen, der Großherzogliche Steuercommissär Grünninger zu Offenbach, Herr Eismaier, Bürger zu Mainz, mit einem schönen Geschenke zweier Leuchter.

Von besonderem Interesse sind die Zuschriften von vier Studiengenossen des Jubilars, die bald nachher leider gestorben sind. Professor Dr. Ph. Dieffenbach zu Friedberg übersendete folgendes interessante Schreiben, worin mit heiterem Ernste und gemüthlicher Lebensbeschauung die rosige Jünglingszeit mit dem erfahrenen und jedoch immer noch rüstigen und lebensfrohen Alter verglichen wird. Es lautet seinem ganzen Inhalte nach wie folgt:

Lieber Steiner!

Empfange hiermit meinen herzlichsten Glückwunsch zu Deinem bevorstehenden Jubiläum, wenn auch etwas vor demselben. Der Himmel möge den Abend Deines Lebens segnen und Dir verleihen, was die Allweisheit unsers Vaters für das Beste hält.

Und nun auch noch meinen Dank für das mir gütigst zugesendete Werk. Es hat mir nebst Deinem freundschaftlichen

Schreiben außerordentlich viel Vergnügen gewährt. Denke nur, während der alte Knasterbart da saß und las, erschien ganz unvermerkt die ewig jugendliche Hexe, die Zauberin, die Phantasie, verwandelte die grauen Haare in blonde, strich die häßlichen Runzeln aus dem Gesichte und verwandelte den Greis in einen Siebenzehnjährigen Springinsfeld. Der wandelte mit seinem Kameraden Steiner durch den lieblichen Wald zwischen Kranichstein und dem Steinbrücker Teich, und was ward da nicht alle geschwatzt und geplaudert und eine Zukunft gebaut von Kartenblättern, unter welchen jedoch weit mehr Königinnen als Könige und Buben zu finden waren. Ich würde mich da wer weiß wie lange noch herumgetrieben haben, wenn nicht ein Brief von meiner Frau mit der Nachricht, daß der neugeborne Enkel, nebst seiner Mutter sich recht wohl befinde, mich plötzlich wieder entzaubert hätte. Da saß ich denn nun wieder da, aber etwas verblüfft über mich selbst, denn von Allem, was ich gesehen, war nichts mehr da. Ich dankte aber meinem Schöpfer, daß er mich bisher bewahrt und mir so viel Gutes im Laufe meines Lebens hatte zu Theil werden lassen. Sehe ich mich genauer an, so sind die Beine noch ganz gut; sie haben mich im vorigen Herbste von Eisenach nach der Wartburg, sodann nach Reinhardsbrunn, weiter am Ufer der Saale herum, durch Leipzig, durch Dresden, durch die sächsische Schweiz und später auch noch durch das alterthümliche Nürnberg getragen, ja noch diesen Sommer unweit Bonn von Königswinter nach dem Drachenfels. Und der Kopf — ja der steht auch noch oben, und was in demselben sich herumarbeitet ist leider immer noch etwas derb, aber dabei, Gott sey Dank, auch immer noch lustig und guter Dinge, — so lange es Gott gefällt. In der Hoffnung, Dich bald einmal persönlich besuchen und sprechen zu können, zeichnet in Liebe Dein alter Kamerad

Ph. Dieffenbach.

Friedberg, den 21. Juli 1858.

Ein Schreiben des Geheimen Staatsraths Friedrich Zimmermann (Sohn des Directors Georg Zimmermann), welcher mit Freude und Rührung die Schreiben seines Vaters an Jubilar (im Programm 1858) las, welchen ich nun das seinige beifüge, ist ohngefähr gleichen Inhalts wie das vorhergehende, jedoch in Bezug auf seine Gesundheitsverhältnisse kein erfreuliches. Er erlebte zwar noch die Feier seines 50jährigen Jubiläums, starb aber bald nachher.

Darmstadt den 26. Mai 1858.

Lieber alter Freund!

Dein Brief vom 23. d. M. hat mich in mehrfacher Beziehung und besonders auch darum sehr erfreut, weil ich mich daraus überzeugte, daß Du noch am Leben bist. Ich mußte einigen Zweifel daran haben, weil Du Dich so lange nicht bei mir hast sehen lassen.

Wir sind inzwischen alte Knaben geworden, aber die Herzen und Köpfe sind noch frisch und jung. Daß das bei Dir der Fall ist, sehe ich aus Deiner fortdauernden Rüstigkeit im Schriftstellern und aus Deinem lieben Brief.

Meinen herzlichsten Dank für das mir überschickte Jubiläumsprogramm und meine herzlichsten Wünsche zu dem Jubelfest selbst! Leider werde ich an diesem Festtage schwerlich hier seyn, da ich im Juli eine Gesundheitsreise machen muß. Denn es ist doch nur halb wahr, wenn ich vorhin die Frische meines Kopfes rühmte. Meine geistige Kraft hat zwar nicht nachgelassen; aber ich laborire schon seit 14 Monaten an einem unangenehmen Kopfleiden: beständig hundert schwarze Mücken vor den Augen, und dabei sehr eingenommener Kopf, was mich am Arbeiten und besonders am Lesen sehr hindert. Ich habe daher Dein Schriftchen und Deine Biographie leider noch nicht lesen können (doch habe ich darin geblättert und mit Freude und Rührung die Briefe meines Vaters gelesen.)

Ich hoffe aber doch, daß wir uns bald sehen und in den Gedanken an die Jugendzeit schwärmen, zumal wenn Du Deinen Wohnsitz hierher zu ziehen ausführst.

Allerdings wird im nächsten Februar (wenn ich's erlebe) auch mein Jubiläum seyn. Es ist mir manchmal unbegreiflich, und ich meine, 50 Jahre geträumt zu haben.

Mein Bruder und mein Neffe danken Dir herzlich für Deine freundliche Mittheilung und senden Dir die besten Glückwünsche.

Unter meiner Zeitschrift verstehst Du ohne Zweifel die allgemeine Militärzeitung. Diese ist aber seit 2 Jahren nicht mehr mein. Meine Geschäfte haben es mir nicht mehr erlaubt, die Redaction fortzusetzen und ich mußte sie daher mit großem Bedauern nach 30 Jahren aufgeben. Sie wird aber unter anderer Redaction fortgesetzt.

Lebe wohl, alter Spießgeselle!

Dein treuer Freund
Fr. Zimmermann.

Die Schreiben des Geheimen Raths Dr. Andreas Schleiermacher zu Darmstadt und des Professors Dr. Klein zu Gießen enthalten freundliche Erinnerungen an die in Darmstadt und Gießen verlebte gemeinschaftliche Studienzeit und die herzlichsten Wünsche.

Von auswärtigen (außerhalb Hessen) wohnenden Freunden liegen folgende Schreiben vor: das des Herrn Professors Dr. v. Hefner zu München, welcher dem Jubilar unter Anderm mittheilte: „Ich wünsche Ihnen alles Glück zu Ihrer Jubiläums-Feier, so wie auch Herr Geheime Rath v. Thiersch, der sich Ihnen empfehlen läßt. Bei uns in München ging das Gerücht, daß Sie gestorben seyen und Thiersch bedauerte dieses in einer seiner Abendreden. Ein solches Gerücht deutet auf langes Leben, was ich Ihnen von Herzen wünsche. Unter den correspondirenden Mitgliedern der historischen Klasse unserer Akademie sind Sie das älteste." Ferner zwei Schreiben des Herrn Fürstbischöflichen Geistlichen Raths, Stadtpfarrers und Mitgliedes der K. K. Staatsprüfungs-Commission für das Fach der Geschichte Dr. Knabl zu Gratz, aus welchen wir folgende interessante Stellen in stets freudigen und dankbaren Gefühlen der Freundschaft, Liebe und Hochachtung des Jubilars zum Herrn Verfasser mittheilen. Schreiben vom 22. Juni 1858:

Gott sey Dank, daß mein Irrthum jetzt gelöst ist! Vor anderthalb Jahren verbreitete sich hier die Sage, Sie seyen gestorben und wenn ich mich recht entsinne, las ich die Todesnachricht sogar in einem literarischen Blatte Deutschlands. Weil ich dann seitdem von Ihnen nichts mehr hörte, ward ich in meinem Wahne bestärkt und glaubte Ew. Wohlgeboren bereits unter den Ueberirdischen. Wer wird, dachte ich, nun den Codex Danubianus vollenden? Wer wird die Mittel, die Ausdauer, die Kenntniß, die Geschicklichkeit besitzen, diese Aufgabe zu lösen? Niemand — und somit widmete ich im stillen Nachdenken Ew. Wohlgeb. meine innigste Theilnahme.

Denken Sie sich nun meine Ueberraschung, als ich gestern, gerade um die Mittagsstunde, das 1. Heft des IV. Theiles dieses Codex sammt dem Programm, begleitet von Dero eigenhändigen Schreiben, von den mir so wohl bekannten Schriftzügen erhielt! Es war mir, als ob eine Centnerlast von meinem Herzen fiele. Ich athmete neu auf, lobte und pries Gott, machte die freudige Ueberraschung sogleich meinen 3 Geistlichen, die sich eben zu Tische setzten, bekannt, und tranken auf Ihre Gesundheit, auf ein noch langes, recht langes Leben!

Entschuldigen Sie diesen Erguß meiner Gefühle, er kömmt aus einem treuen, deutschen Herzen und soll Ihnen zum Beweis dienen, daß Ihr Wirken als Veteran in der Wissenschaft nicht nur in allen deutschen Gauen, sondern auch im Kaiserthum Oesterreich gekannt, geehrt, und hochgeschätzt wird.

Aus dem Schreiben vom 11. Juli 1858:

Das freundliche herzliche Schreiben vom 1., erh. 3. d. M., welches Sie mir noch vor Ueberkommung des zu senden versprochenen Verzeichnisses sämmtlicher Fundorte der Römerinschriften Steiermarks zuzumitteln geruhten, hat mich neuerdings innigst gefreut. Ich habe davon sogleich meine Geistlichkeit in Kenntniß gesetzt, und wieder ist beziehungsweise auf den 28. d. M., wo Sie Ihren Ehrentag feiern werden, auf Ihre Gesundheit mancher Becher geleert worden. Aber auch dieser Tag selbst wird bei mir im Kreise guter Freunde fröhlich begangen werden, nachdem es wegen meiner Amtsverhältnisse mir nicht beschieden ist, an Ihrem 50jährigen Jubiläum persönlich Theil zu nehmen. Doch sollen die Weihegrüße sich von den Ufern der Mur aus bis zum Main an diesem Tage begegnen, und den geistigen Verband zwischen Seligenstadt und Gratz enger knüpfen.

Nachdem der Jubilar seinen freudigen Dank Allen, die beide Schreiben des Herrn Geistlichen Raths erwähnen, brieflich übermittelt hatte, gedachte er am Tage der Jubiläumsfeier (28. Juli 1858) in der Versammlung dieser herzlichen Theilnahme so biederer, edler und wohlwollender, echt deutscher Männer, und ein Weihegruß ging zum geistigen Verbande zwischen Seligenstadt und Gratz zurück von des Maines Ufern an jene der Mur.

Herr Pfarrer Schlicht zu Windecken, ein Studienfreund des Jubilars ältesten Sohnes Petrus Steiner, Sprachlehrers zu Paris, Freund zugleich von diesem und seinen verehrten Eltern des Herrn und der Frau Schlicht und seiner Kinder zu Hanau, widmete demselben brieflich unter Anderem folgenden Segenswunsch: „Ich weiß, daß Sie hochgeehrter Herr Jubilar, den schlichten Gruß und Glückwunsch nicht verschmähen. So nehmen Sie denselben denn hin. Gott der Herr, der da bleibet wie Er ist, von Ewigkeit zu Ewigkeit und dessen Jahre kein Ende nehmen, der segne Sie mit seinem reichsten Segen, und erhalte Sie noch lange dem Vaterlande der historischen und archäologischen Wissenschaft, Ihrer werthen Familie und allen Denen, die Ihnen lieb und theuer sind, und schenke Ihnen noch nach manchen Stürmen und Kämpfen Ihres reich bewegten Lebens einen heiteren, ruhigen und erquickenden Abend desselben".

Herr Carl Büttel, Kaufmann zu Frankfurt, welcher, geistig genährt aus den Schätzen der deutschen Dichter, ein unterhaltender angenehmer Declamator daraus ist, sendete für sich und seine Gattin Minna mit einem Geschenk folgendes Gedicht:

Nimm lieber Hofrath diese Tasse
Zum Angedenke freundlich auf
Und nehme, da wir sonst nichts haben
Lieb' und Verehrung mit in Kauf,
Mit lieber Frau und guten Kindern
Leb' 20 Jahre noch wie heut'
Und sey versichert, daß dies Niemand
In höh'rem Grad als uns erfreut.

Zu erwähnen sind noch zwei Gratulationsschreiben des Herrn Kittsteiner, Redacteur zu Hanau, in dessen Offizin die seit 1858 erschienenen Werke des Jubilars gedruckt worden sind und des Herrn Fabrikbesitzers J. Jockel daselbst.

Bezüglich auf theilnehmende Corporationen am Feste steht vor Allen oben an die philosophische Facultät der Großherzoglichen Universität Gießen, welche unter dem Rectorate des Herrn Professors Dr. Friedrich Hermann Hesse, und des die promovendi facultas ertheilenden Herrn Geheimen Rathes und Professors Dr. Birnbaum und als Promotor bestellten Herrn Professors und Directors des philologischen Seminars Friedrich Osann dem Jubilar: solertissimo rerum gestarum tam germanicarum quam romanarum scrutatori multisque nominibus de illustranda patria historia merito die Doctor und Magisterwürde der freien Künste „honoris causa" ertheilte.

Die auf diese ausgezeichnete Ehre, welcher im Jahre 1831 die Verleihung der juristischen Doctorwürde honoris causa voranging, bezüglichen Schreiben sind folgende: 1) des Herrn Rectors Magnificenz, Professors Dr. Hesse, wie folgt:

An

den Großherzoglich Hessischen Hofrath und Historiographen

Herrn Dr. Steiner

in Kleinkrotzenburg.

Sie haben, hochverehrter Herr Hofrath! durch die jüngst erfolgte Sendung Ihrer Schrift: „Das System der römischen Wehren, Seligenstadt 1858.“ deren Werth durch die beigegebene Biographie ihres Verfassers in unseren Augen nur erhöht werden kann, die Großherzogliche Landes=Universität aufs Neue zum lebhaftesten Danke verpflichtet.

Indem ich denselben für die wiederholte Bereicherung unserer Bibliothek, sowie für das seit langen Jahren uns bewiesene freundschaftliche Interesse überhaupt dem mir gewordenen ehrenvollen Auftrage zufolge von ganzem Herzen Ihnen ausspreche, gereicht es mir zugleich zu hoher Freude, Ihnen außerdem zur Feier Ihres bevorstehenden fünfzigjährigen Dienst= und Schriftstellerjubiläums Namens der Großherzoglichen Landesuniversität die herzlichsten Glückwünsche darbringen zu können.

Lebhaft wissen wir alle die Verdienste zu würdigen, welche Sie sich, wie um die Geschichte überhaupt, so namentlich um die specielle Geschichte unseres Großherzogthums in so reichlichem Maaße erworben haben; um so aufrichtiger wünschen wir zu Gott, daß er Ihnen Leben, Gesundheit und Kraft noch recht lange erhalten wolle, auf daß Sie im Stande seyen, die gelehrte Welt noch mit vielen Früchten Ihrer Studien zu erfreuen. Möge jede Wolke sich verziehen, welche noch an Ihrem Himmel steht, die kommende Zeit sich immer freundlicher für Sie gestalten und der gütige Gott Sie so wenig als möglich fühlen lassen, daß er die Last so vieler Jahre auf Sie gelegt hat. Er sey nach seiner Gnade mit Ihnen zu aller Zeit!

Gießen, den 28. Juli 1858.

Der Rector der Großherzoglichen Landes-Universität.

Dr. Hesse.

wofür der Jubilar ihm folgendes Dankschreiben übersendete:

Hochwohlgeborner

Hochzuverehrender Herr Rector und Professor

Die Glückwünsche, welche Ew. Magnificenz nach Inhalt Ihrer hochverehrlichen Zuschrift vom 28. Juli d. J. zum Feste meines 50jährigen Dienst- und Schriftsteller-Jubiläums Namens der Hohen Landesuniversität Gießen mir kundwerden zu lassen die Güte hatten, — die zu gleicher Zeit Seitens der Hohen philosophischen Facultät der Ludoviciana mir zu Theil gewordene Ehre der Verleihung des Doctor- und Magistergrads haben diesem seltenen Feste einen hohen Werth und eine Weihe verliehen, durch welche ich mich hochbeglückt und zu Fortsetzung meiner Berufsarbeiten gestärkt fühle.

Der gütige Gott wolle mir hierin seinen gnädigen Beistand leisten, auf daß ich ferner im Stande sey, unverdientes Lob zu verdienen und der warmen herzlichen Theilnahme vollkommen würdig zu werden, wie sie in Ew. Magnificenz hochverehrtem Schreiben so rührend und erhebend ausgedrückt ist. Voll der Gefühle des Herzens und in dieser Stimmung so wenig Meister des Ausdrucks dafür, beehre ich mich, Ew. Magnificenz nur einfache Worte des Dankes zu bringen. Geruhen Hochdieselben diese Pflichterfüllung nachsichtsvoll aufzunehmen, und die angelegentlichste Bitte zu genehmigen, nach welcher ich mich der Hohen Landesuniversität und Ew. Magnificenz zu fernerem hochgeneigten Andenken und Wohlwollen bestens empfehle.

Mit der vollkommensten Hochachtung habe ich die Ehre zu seyn

Ew. Magnificenz

gehorsamst ergebener
Dr. Steiner.

Kleinkrotzenburg, den 5. August 1858.

ferner des als Promotor bestellten Herrn Professors Dr. Osann, folgenden Inhalts:

Wohlgeborner Herr,

Hochzuverehrender Herr Hofrath,

Ich kann es nur zu den angenehmsten Pflichten rechnen, welche mir das Amt auferlegt, welches ich gegenwärtig zu bekleiden die Ehre habe, Namens und im Auftrag der philosophischen Facultät der Ludoviciana der Ueberbringer der aufrichtigsten Glückwünsche zu seyn, welche sich dieselbe Ihnen, hochgeehrter Mann, an dem heutigen Festtage darzubringen beehrt, und zugleich die Anerkennung Ihrer mannichfachen Verdienste auf dem Felde der historischen Wissenschaften durch Verleihung der Höchsten, ihr zu Gebote stehenden Würde des Doctor- und Magistergrads an den Tag zu legen.

Indem ich Sie im Namen der Facultät ersuche, beifolgendes Ehrendiplom als den Ausdruck ungeheuchelter Verehrung freundlich anzunehmen, füge ich die weitere Bitte hinzu, die Versicherung derselben Hochachtung von Seiten eines Ihrer vieljährigen Verehrer genehmigen zu wollen, unter welcher derselbe die Ehre hat zu zeichnen.

Ew. Wohlgeboren

ergebenster Diener
Dr. Friedrich Osann,
Decan der philosophischen Facultät.

Gießen, am 28. Juli 1858.

und das darauf ertheilte Dankschreiben des Jubilars:

Hochwohlgeborner,

Hochzuverehrender Herr!

Unter den Zeichen der Theilnahme, welche mir aus Anlaß meines 50jährigen Dienst- und Schriftstellerjubiläums zugekommen sind, erscheint die mir von Seiten der hohen philosophischen Facultät unserer Landes-Universität zu Theil gewordene Ehre der Verleihung des Doctor- und Magistergrades h. c., begleitet von ihren und Ew. Hochwohlgeboren Glückwünschen, an welche sich in einem besonderen Schreiben jene der Großherzoglichen Landesuniversität schließen, als ein in meinem Leben hervorragendes Ereigniß, indem ich hierin eine mächtige Stütze und Aufforderung für wissenschaftliches Wirken finde, welchem ich mich unter Gottes Obhut mit erneuter Kraft zu widmen gedenke, um zu verdienen, was ich noch nicht verdient habe, und würdig zu werden Dessen, wofür mich die Hohe Facultät auf so freundliche Weise hält. Dafür zu dem tiefgefühltesten Danke verpflichtet, statte ich denselben der Hohen Facultät hiermit schuldigst ab.

Auch Ihnen hochgeehrtester Herr, sage ich für den freundlichen Ausdruck Ihrer persönlichen Theilnahme meinen verbindlichsten und aufrichtigsten Dank, mit welchem ich einen um die Wissenschaft hochverdienten Mann verehre, dessen Name nach Zeit und Ort eine große ruhmvolle Tragweite beigesellt ist.

Indem ich mich sowohl der Hohen philosophischen Facultät als auch Ew. Hochwohlgeboren zu hochgeneigtem Andenken und zur gütigen Unterstützung in meinem Berufswirken bestens empfehle, bitte ich um Entschuldigung, daß nach meinem Wunsche nicht alsbald der Ausdruck des Dankes schriftlich erfolgte, in dem Umstande vielfältiger Verhinderung durch die in die

Jubeloctav gefallenen Besuche, Einladungen ꝛc. und habe die Ehre mit der vollkommensten Hochachtung zu seyn

Ew. Hochwohlgeboren

gehorsamster Diener

Dr. Steiner.

Kleinkrotzenburg, den 5. August 1858.

Das Ehrendiplom war auf Pergament gedruckt und zum Zeichen der höheren Solennität, welcher diesem feierlichen Acte der Verleihung h. c. bei einem Jubiläum beigelegt wird, mit dem in einer metallenen Kapsel am weiß und rothen Bande angehängten größeren Universitätssiegel versehen. Das antike dem Jahre 1607, als dem der Stiftung der Universität, angehängte Siegel enthält um das Bild des Landgrafen Ludwig V. von Hessen Darmstadt die Umschrift: Auspice Ludovico dei gratia Landgravio Hassiae Sigillum academiae Gisensis anno 1607 (s. Nebel, Gesch. der Universität Gießen, S. 15.)

Die K. Akademie der Wissenschaften zu München, welcher Jubilar seit 1832 als correspondirendes und gegenwärtig als ältestes Mitglied der historischen Klasse angehört, übersendete ihm ein prachtvoll ausgestattetes Gratulations- und Ehrendiplom, worauf folgende Inschrift steht:

Q. B. F. F. Q. S.

Viro clarissimo

Johanni Guihelmo Christiano Steiner,

Dr. Philos. Magni Duci Hassiae a consiliis aulicis et

socio suo honoratissimo

diem XXVIII mensis Julii hujus anni, quo die decem lustra in publico munere feliciter et maxima cum laude transegit Academia litterarum Regia Monacensis pie gratulatur atque validae senectutis dulce otium ex animo exoptat. Monachii mense Julii a MDCCCLVIII Friedericus Thiersch pt. Academiae praeses.

Zu beiden Seiten dieser Inschrift stehen hohe Kandelaber mit brennenden Lichtern, auf denselben befinden sich die Bildnisse des Plato, Aristoteles, Keppler und Leibnitz, über der Inschrift schwebt eine weibliche Figur mit blonden Haaren und blauen Augen in der Rechten ein Sehrohr, in der Linken ein Senkblei haltend, im Himmelsblau von Wolken getragen, welcher zwei Genien Kränze darreichen. Zu ihren Füßen steht der akademische Wahlspruch Rerum cognoscere causas. Unten die Wappen des Königreiches Bayern und der Stadt München, die man in der Ferne gelegen, erblickt.

Der Ausschuß des historischen Vereins für Unterfranken und Aschaffenburg ertheilte dem Herrn Revierförster Dr. Madler zu Miltenberg als Mitglied dieses Vereins den Auftrag, an dem Tage der Jubelfeier die Stelle des Vorstandes, Professors Dr. Contzen zu vertreten und dem hochverehrten Herrn Jubilar Namens unsres Vereins:

der ihn seit einer langen Reihe von Jahren zu seinen Ehrenmitgliedern zählt, mit der vollsten Anerkennung der vielen und großen Verdienste, die sich derselbe auf dem Gebiete der Geschichte überhaupt und namentlich auf dem der Specialgeschichte eines Theiles unseres Kreises erworben hat, unsere besten Wünsche und unsere innige Theilnahme an jener seltenen Feier zugleich mit der Hoffnung auszusprechen, daß der Geber alles Guten Ihm die Wiederkehr dieses schönen Tages noch oft möge zu Theil werden lassen.

Wir werden unten bei der Beschreibung des Festes darauf zurückkommen und des aufgetragenen Toastes gedenken.

Der Vorstand des Hanauischen Bezirksvereins für Hessische Geschichte und Landeskunde und Namens desselben der Vorsitzende Dr. Denhard bezeugte seine lebhafte Theilnahme durch folgende Worte seiner Zuschrift:

Zugleich entledigen wir uns des schmeichelhaften Auftrages unseres Vereins, Ihnen, hochachtbarer Herr und Vereinsfreund, zu dem von Ihnen am 28. v. M. gefeierten Jubiläum unseren herzlichsten Glückwunsch auszudrücken. Mögen Sie noch lange für die Zwecke der Wissenschaft und für die Belehrung Ihrer Freunde thätig seyn! Möge das schöne Bewußtseyn, für Mit- und Nachwelt nützlich gewesen zu seyn, die schönste Belohnung für Ihre Mühen und Anstrengungen bilden! Seyen Sie überzeugt, daß wir die wärmste Theilnahme für Ihre Bestrebungen hegen, und entschuldigen Sie gütigst die Verspätung dieses Schreibens mit der Abwesenheit unseres Vorsitzenden, welcher eine Badekur in Kissingen gebrauchte.

Da die Ausschußmitglieder des historischen Vereins für das Großherzogthum Hessen zur Zeit des Jubiläums in Bädern und auf Lustreisen abwesend waren und der deßhalb zu gehöriger Zeit lange vorher besprochene Gratulationsbeschluß nicht gefaßt werden konnte, so wurde dem Jubilar als Ausschußmitglied und Stifter des Vereins (s. Programm 1858, S. 31 f.) nachträglich von einem Ausschußmitgliede das lebhafteste Bedauern hierüber brieflich ausgedrückt. Präsident Jaup hatte, wie wir oben meldeten, blos persönlich für sich seine Wünsche dargebracht.

Der Vorstand der Gemeinde Kleinkrotzenburg offerirte zum Danke des Jubilars die Ertheilung des Ehrenbürgerrechts, welches er jedoch damals ablehnen mußte, da er urkundlich klar nachgewiesen hatte, daß er bereits seit 1835 activer Bürger dieser Gemeinde sey und Entschädigungsansprüche für vorenthaltene Nutzungen habe. Zum Verdrusse des Jubilars wird ihm jedoch dieses Recht immer noch streitig gemacht und er in der Ausübung desselben gehemmt. Sein Wunsch ist, daß bei Gelegenheit der Jubiläumsfeier diese Angelegenheit in Güte geordnet werde, wozu sich ohne Zweifel eine die Verdienste des Jubilars um Kleinkrotzenburgs Bewohner während seines 33-jährigen Wohnsitzes daselbst unpartheiisch würdigende Person leicht auffinden dürfte.

Der Vorstand der Gemeinde Roßdorf bei Darmstadt (Geburtsort des Jubilars) sendete Gratulationsschreiben. Ihr als Bürger anzugehören, bevor er das Bürgerrecht von Kleinkrotzenburg erhalten hatte, war bereits in Aussicht gestellt und von dem Vorstande mit Vergnügen kostenfrei offerirt.

Auch der hohe Senat der freien Stadt Frankfurt und Namens desselben der ältere Herr Bürgermeister Dr. Neuburg, sendete Gratulationsschreiben auf die überreichte Jubiläumsschrift.

Wir stehen nunmehr an der Beschreibung der Jubiläumsfeier (28. Juli 1858.) Hierzu hatte sich ein Comité gebildet, bestehend aus den Herren Rentamtmann Fay, Kreisarzt Dr. Geromont, Oberförster Herpel, Steuercommissär Rau zu Seligenstadt. Tags vor dieser Feier besuchten drei dieser Herren den Jubilar in seiner Wohnung und luden ihn hierzu freundlichst ein.

Am Vorabend des Festes brachte der Gesangverein von Kleinkrotzenburg, unter der Leitung ihres Directors, Lehrers Link, ein Ständchen mit Gratulation und schönen Gesangstücken. Morgens am Festtage Besuch des Herrn Pfarrers Klein und des Herrn Bürgermeisters Zilg, unter Darbringung herzlicher Wünsche. Bald nachher erschienen in der Staatsuniform die Herren des Comités, Oberförster Herpel, Kreisarzt Dr. Geromont, Steuercommissar Rau in einer Chaise um den Jubilar zur Theilnahme am Feste bei einem Mittagsmahle im Saale des Gasthofes zur Krone zu Seligenstadt, (wo im Jahre 1818 schon einmal ein 50jähriges Jubelfest, zu Ehren des Schullehrers Lommel, gefeiert wurde) abzuholen.

Dort im genannten Gasthause erwartete den Jubilar eine zahlreiche Versammlung von geistlichen und weltlichen Beamten und Bürgern von Seligenstadt, Steinheim und anderen Orten, und empfingen ihn zuerst in dem Vorzimmer des Saales mit Gratulationen, worauf der Jubilar in den Saal geführt und unter Fanfaren der gut geübten Neubauerischen Musik von Seligenstadt auf den für ihn bestimmten Ehrenplatz an der Tafel geleitet wurde. Der erste Toast beim Festmahle, ausgebracht von Herrn Oberförster Herpel, galt Sr. Königlichen

Hoheit dem Großherzog, dem erhabenen Beförderer der Kunst- und Wissenschaft und gerechten Belohner jeden wahren Verdienstes, wie hier unter anderen Beispielen auch bei unserem Jubilar, dessen Brust der ihm kürzlich verliehene Philippsorden schmücke, zu erkennen sey. Der zweite Toast war dem Jubilar von dem Herrn Steuercommissar Rau gewidmet, welcher aus dem Leben desselben der wichtigsten Momente seines Verdienstes, der Mühen und Anstrengungen, die ihm dabei das Schicksal brachte, aber auch der ihm reichlich zu Theil gewordenen Belohnungen gedachte, und daran seinen und im Namen der Anwesenden allseitigen Glückwunsch mit freudiger Hoffnung für dessen Zukunft darbrachte. Der dritte Toast wurde im Auftrage der Gemeinde Kleinkrotzenburg und des anwesenden Bürgermeisters Zilg von Herrn Lehrer Link ausgebracht. Hauptgegenstand desselben war: erstens Anerkennung und Lob des während seines 33jährigen Wohnens zu Kleinkrotzenburg bewiesenen friedlichen und theilnehmenden Einvernehmens mit allen Bewohnern der Gemeinde, seines Rathes und seiner Wohlthätigkeit, die er im Verein mit seiner Gattin Nothleidenden reichlich zu Theil werden ließ, unermüdlich hierin, wenn ihn auch zuweilen Undank traf, und auf jeden Dank verzichtend, zweitens Lob der Erziehungsweise wohlgerathener und in allgemeiner Achtung stehender Kinder, welche bis auf die jüngste Tochter bereits versorgt sind. Mit der Hoffnung, daß der in der Gemeinde allerseits sammt ganzer Familie hochgeachtete und geliebte Jubilar noch lange unter ihnen auf seinem schönen Landsitze Ludewigshaus daselbst wohnen und wirken möge, schloß der Redner mit einem allerseits aufgenommenen Hoch! Anwesend waren dabei drei der Söhne des Jubilars, Karl, Georg und Wilhelm. Der vierte Toast wurde, wie bereits oben bemerkt, von dem Herrn Revierförster Dr. Madler im Auftrage des Vorstandes des historischen Vereins für Unterfranken und Aschaffenburg, dessen Ehrenmitglied Jubilar ist, und des die Stelle des Vorstandes vertretenden Professors Dr. Contzen in folgenden Worten ausgebracht:

Meine Herren! Der historische Verein von Unterfranken und Aschaffenburg, dessen Vorstand ich bei dem heutigen Feste zu vertreten die Ehre habe, begrüßt den Herrn Jubilar als langjähriges Ehrenmitglied dieses Vereins in vollster Anerkennung der vielen und großen Verdienste, die sich derselbe auf dem Gebiete der Geschichte überhaupt und namentlich auf dem der Specialgeschichte erworben hat, und bringt demselben zu diesem seltenen Feste die besten Wünsche und innigste Theilnahme in Hoffnung, daß der Geber alles Guten Ihn noch lange zum Wohl der Seinigen und zum Frommen der Wissenschaft beschützen und erhalten möchte.

Licht ist es geworden durch Steiner's Forschungen in der Ortsgeschichte des Maingebietes, Licht hierdurch in der vaterländischen selbst, wer aber die Schwierigkeiten kennt, welche das Quellenstudium zu überwinden, wird die Verdienste zu würdigen wissen, welche dem Gefeierten mit Recht gebühren.

Diese Verdienste anerkennend und theilnehmend zu bezeichnen bringt der historische Verein dem Gefeierten ein Hoch.

Die Ausbringung des fünften Toastes war dem Herrn Rentmeister Großmann zu Steinheim auf passende Art als Freund des Jubilars zugedacht. In gemüthlicher und erheiternder Weise gedachte der Redner des jungen Staatsdieners Steiner, welcher im Jahre 1818 einem 50jährigen, zu Ehren des Lehrers Lommel in demselben Saale, wo jetzt Steiner in gleicher Weise auf dem Ehrenplatze sitze, abgehaltenen Jubelfeste persönlich beigewohnt habe, damals nicht ahnend, was ihm die Zukunft an derselben Stelle ihm gewiß jetzt Erfreuliches bringen werde. Mit diesen Worten und allen Glückwünschen wegen einer nützlich durchlebten langen Vergangenheit und für eine, wenn nicht eben so lange aber doch halb so lange heitere Zukunft, überreichte er dem Jubilar eine werthvolle silberne reich mit Gold verzierte Tabatière, eine Kunstarbeit des Herrn Siegmund

Kurz zu Hanau als Geschenk der Freunde des Jubilars. Die auf derselben befindliche Inschrift lautet: „Dem Herrn Hofrath Dr. Steiner auf Ludewigshaus zu seinem 50jährigen Dienstjubiläum am 28. Juli 1858, gewidmet von seinen Freunden zu Seligenstadt, Steinheim u. s. w. als Zeichen herzlicher Theilnahme und Liebe."

Tiefgerührt aber doch mit fester Stimme beantwortete der rüstige Jubilar dankend alle an ihn gerichteten Ansprachen mit folgenden Worten:

Gefühle des innigsten Dankes bewegen heute mehr als jemals mein Inneres, überwältigend sind sie in ihrer Größe und Mannichfaltigkeit und in der Bedeutung des so seltenen Tages.

Dank dem allgütigen Vater im Himmel, der mich bis daher gesund erhalten, und fähig meinen Beruf zu erfüllen. O möchte er mich hierin ferner stärken, nach seiner Allgüte und Weisheit mir gnädig beistehen.

Dank Seiner Königlichen Hoheit dem Allerdurchlauchtigsten Großherzoge Ludwig III. für die Zeichen Seiner mir zugewendeten Huld und Gnade.

Dank allen verehrten Anwesenden, Gönnern, Freunden, Mitbürgern, Angehörigen, die sie gekommen sind, Antheil zu nehmen an der Freude des Tages, zu zieren das Fest; Dank insbesondere für das schöne Geschenk, diesem für mich und meine Nachkommen so theuren Andenken an sie, Dank für Ihre herzlichen Gesinnungen und Theilnahme, die Sie durch Ihre Organe mir so eben kund werden ließen.

Und somit wäre nach allen diesen Beziehungen Stoff zu einer längeren Ansprache gegeben, aber der Körper versagt gegenwärtig dem Ausdrucke dieser Gefühle seinen Dienst und ist durch sie überwältigt.

Erlauben Sie daher hier abbrechen und mit wenigen Worten schließen zu dürfen.

Der allgütige Vater im Himmel wolle Ihre Lebensdauer in die weiteste Ferne setzen und einem Jeden von Ihnen nach Stand und Beruf ein 50jähriges Jubiläum in Kraft und Gesundheit erleben lassen.

Ich fülle mein Glas, erhebe es und trinke auf Ihr allerseitiges Wohl!

Noch manches gediegene Wort wurde im Verlaufe des schönen Festes bei heiterer und freundlicher Conversation kundgegeben, und erst spät Abends trennte sich die Versammlung in einer Stimmung, die vollkommen zeigte, mit welcher Herzlichkeit alle Theilnehmer dem Feste angewohnt haben.

Die Zeit von ohngefähr 14 Tagen vor und eben so viel nach dem Feste und der Tag desselben waren zwar schöne durch keine disharmonischen Zwischenfälle getrübte oder gestörte; Tage sowohl durch Besuche, Ausflüge, Einladungen im engeren Kreise und Verwendung der ganzen damaligen 4wöchentlichen arbeitsfreien Zeit zu diesen Vergnügungen; aber da es in der Natur und langeher geübten Gewohnheit des Jubilars lag, an ihrer, die Kraft des Lebens abschwächenden, Stelle, dem Ernste des Lebens und dem Berufe, unter der jedoch dabei temporär nöthigen Erhohlung, zu dienen, so sah man ihn alsbald nachher, wie im Jubiläumsprogramm von 1858 am Schlusse bemerkt worden ist, als einen mit freudig hoffendem Blicke in die Zukunft und mit dem Blicke der Erfahrung in die Vergangenheit mitten in der Laufbahn emsiger Thätigkeit stehenden Manne, welches sich auch in dem Verlaufe der fünfjährigen Lustrumzeit bis auf Das, was wir als ein Mißgeschick mit betrübtem Herzen nachher am Schlusse dieser fortgesetzten Biographie mittheilen werden, zum Glücke jedoch eine allseitig gewünschte Wendung nahm, ausgezeichnet gut bestätigte.

In dieser Zeit erschienen als neue Arbeiten des Jubilars folgende Schriften: 1) Sammlung und Erklärung altchristlicher Inschriften des Donau- und Rheingebietes auf Subscription, wozu der großdeutsch gesinnte Verfasser, welcher in der föderativen Einigung Deutschlands, wenn sie mit Treue, gegenseitiger patriotischer Liebe und Achtung Seitens der fürstlichen, wie großen so kleinen Häupter und ihres Volkes geübt wird und der Selbstsucht fremd bleibt, die allein wahre starke Politik „der freien Hand" dem Auslande gegenüber erblickt, zu deren Geltendmachung Fürsten und Volk, wie im Jahre 1859 dem größeren Theile nach in emsiger Bereitschaft zur That geschehen ist, ferner sich, mit auf diese Weise allein glaubhafte Hoffnung siegreicher Abwehr und deutscher Selbstständigkeit nach allen Theilen seiner weiten Grenzen erheben würde, — wozu, sagen wir, der großdeutsch gesinnte Verfasser mit folgenden Worten einlud:

Ehrwürdige Denkmale altchristlicher Zeit, bedeutsam für die unserige in Erinnerung an jenes enge Bündniß, jene moralische Kraft und Begeisterung der Altchristen: eine bewunderungswürdige Erscheinung, wodurch so ein Großes vollbracht werden konnte, ein erhabenes Beispiel zur Stärkung der Thatkraft in unserer bedrängten Zeit, wo es gilt und unter allen Stämmen der deutschen Nation das Verlangen sich laut kund gibt, durch festes Zusammenhalten abwehrend der Fortdauer eines mit Blut und Kampf errungenen Rechtszustandes alle Kräfte zu widmen und den in der nahen Vergangenheit genossenen Segnungen des Friedens die ihnen feindselig verschlossenen Pforten rüstig zu öffnen.

Der Unterzeichnete, einstens in der Periode des deutschen Befreiungskrieges zu den Waffen berufen und Zeuge der mannhaften Erhebung jener glorreichen in gleich großartiger Erscheinung jetzt wieder belebten Zeit, wendet sich mit diesen Worten an Deutschlands Biedermänner aller Stände und bietet ihnen oben angezeigte in populärer Darstellung neubearbeitete und auf das Gebiet der Donau erweiterte Schrift zur zahlreichen Subscription hiermit an.

2) Die Biographie der Höchstseligen Frau Großherzogin Mathilde, Hessens Landesmutter, dem hessischen Volke gewidmet, für welche der Verfasser unter vielen andern Lob- und Dankschreiben folgende zwei besonders hervorzuhebende erhielt:

1) von Seiten Seiner Königlichen Hoheit des Großherzogs von Baden:

Werthgeschätzter Herr Hofrath. Sie haben Mir mit Schreiben vom 12. dieses Monats Ihre neueste Schrift: „Mathilde, Großherzogin von Hessen und bei Rhein", übersendet. Ich habe mit Vergnügen von dem Inhalte Ihrer Arbeit Kenntniß genommen und daraus ersehen, daß Sie mit Treue und Sorgfalt das segensreiche Leben Ihrer ausgezeichneten Landesfürstin zu schildern bemüht waren und auf diese Weise auch dem größeren Publikum Gelegenheit gaben, die Tugenden der so früh dahin geschiedenen Hohen Frau kennen zu lernen.

Indem Ich Ihnen meine volle Anerkennung wegen Ihrer dadurch wiederholt kundgegebenen vaterländischen Gesinnung ausspreche, danke Ich Ihnen freundlich für die Uebersendung des Buches und verbinde damit gerne die Versicherung besonderer Werthschätzung.

Karlsruhe, den 30. November 1862.

Friedrich, Großherzog von Baden.

2) von Seiten Seiner Excellenz des Großherzoglich Hessischen Herrn Staatsministers Freiherrn von Dalwigk zu Darmstadt:

Ew. Wohlgeboren beehre ich mich, für das gefällige Schreiben vom 13. l. M. und der mir damit zugekommenen beiden Exemplare des interessanten und rührenden Nekrologs unserer unvergeßlichen Großherzogin Mathilde meinen verbindlichsten Dank auszusprechen. Ich habe der verewigten Hohen Frau seit einer langen Reihe von Jahren nahe genug gestanden, um über das Verdienstliche des Werkes urtheilen und deßhalb in seiner ganzen Bedeutung anerkennen zu können.

Empfangen Ew. Wohlgeboren auch bei diesem Anlasse die Versicherungen unverbrüchlichster Hochachtung, mit der ich zu verharren die Ehre habe

Ew. Wohlgeboren

gehorsamster Diener
Dalwigk.

Darmstadt, am 19. November 1862.

3) Das Castrum Selgum zur Urgeschichte der Stadt Seligenstadt, Programm zur Feier des 25jährigen Vermählungsfestes am 26. December 1858 JJ. KK. HH. des Großherzogs Ludwig III. und der Großherzogin Mathilde von Hessen; 4) die Verwandtschaften des Großherzoglich Hessischen Hauses mit 23 regierenden Häusern, Programm zur Feier der Vermählung Seiner Großherzoglichen Hoheit des Prinzen Ludwig von Hessen mit Ihrer Königlichen Hoheit der Prinzessin Alice von Großbritannien und Irland; 5) Zur Urgeschichte der Stadt Seligenstadt, ein Nachtrag zur Schrift Nr. 3 (gegenwärtiges Programm); 6) von den nach dem Programm von 1858, Seite 65, im Mannscripte vorgelegenen Werke: a. die Geschichte Georg I., Landgrafen von Hessen Darmstadt, JJ. GG. HH. den Prinzen Karl und Alexander von Hessen gewidmet, wozu

viele (in der 5jährigen Periode von 1858 an) neue Zusätze kommen, b. der vierte Theil des Codex inscrip. mit einem großen Zusatz neuer Inschriften und einem neuen Commentarartikel, nebst neu ausgearbeitetem Registerheft I.; 7) der fünfte Theil des Codex inscript. romanarum großentheils ausgearbeitet und nächsthin druckbereit, nebst Registerheft II; 8) eine publicistische historische Abhandlung, unter dem Titel „Die Civilliste des Großherzoglich Hessischen Regentenhauses im Hinblick auf seine nach der Verfassungsurkunde von 1821 vorzugsweise aus den Einkünften des Großherzoglichen Familieneigenthums zu bestreitenden Bedürfnisse", wozu Jubilar bereits Materialien, namentlich 1) aus den seit 1821 bis jetzt erschienenen gedruckten Landtagsverhandlungen und 2) aus der Geschichte der Hessischen Vorzeit, zunächst Georgs I., Landgrafen von Hessen Darmstadt, dessen Einkommen für alle seine Bedürfnisse, seine Güteraquisitionen, sein Bauwesen, seine Darlehen an benachbarte fürstliche Häußer, meist vorzugsweise aus den Landgräflichen Gütern und nebenbei noch ausständigen Naturalabgaben bestritten wurde, zu sammeln im Begriffe steht, um mit wahrheitsgetreuer und gründlicher Untersuchung und Darstellung die unrichtigen Belehrungen über diesen hierdurch gänzlich geschichtlich verunstalteten Gegenstand, welche in das theilweise leichtgläubige, einer gründlichen Kenntniß von dem wahren Sachverhalt zur Zeit noch entbehrende Publikum, gekommen sind, zu widerlegen und ihre schädliche Wirkung zu vernichten durch Belehrung des Volkes in seinen wahren Interessen, die bezüglich auf die Großherzogliche Civilliste sind: daß das Großherzogliche Regentenhaus von den Einkünften seines Familiengutes nach einer in der Darmstädter Zeitung von 1863 Nr. 112 von sachkundiger Hand publicirten Nachweisung, die wir im Supplemente zur Geschichte der Großherzogin Mathilde mittheilen werden, jährlich noch 310,000 fl. an die Staatskasse abgibt, mithin gegenwärtig weit davon entfernt ist, von dieser, und, wie man die leichtgläubigen Leute glauben zu machen sucht, von den Steuern die Civilliste bestreiten zu lassen, wobei der Verfasser den Unterschied zwischen „Bedürfnissen" und „Apanage oder Deputat" nachweisen und die Studienkosten der Prinzen als zu jenen gehörig und aus dem Familienvermögen, nicht aus der Staatskasse bestritten, als Gegenstand des Interesses der Familie, nicht des Staates (wiewohl den Ständen hier auf dem Gebiete eines dem Staate nicht angehörigen Gütereigenthums singulärer Weise und gleichsam curatorisch ein Verwilligungsrecht eingeräumt ist) bezeichnen und den wahren Grund dieser singulären ständischen Verwilligung, die als scheinbarer Grund jener im Volke verbreiteten unrichtigen Ansicht Geltung erhielt, urkundlich kritisch darlegen wird.

9) Ein Supplement zur Biographie der Hochseligen Großherzogin Mathilde wird noch in diesem Jahre 1863 erscheinen, sobald es die Gesundheitsumstände des reconvalescenten Jubilars erlauben, den, wie wir nun hier leider mittheilen müssen, eine schwere Krankheit traf, von der er erst seit Kurzem befreit ist. Es war am 7. Januar 1863 als das thätige Wirken des damals immer noch rüstig aussehenden Jubilars nach Gottes unerforschlichem Rathschlusse durch den plötzlichen Ausbruch einer lebensgefährlichen Unterleibskrankheit ein Ziel gesetzt zu seyn schien. Vier Wochen lang dauerte die Lebensgefahr, aber die Kunst und rettende Hand zweier trefflichen Aerzte, des Kurfürstlich Hessischen Herrn Stadtphysicus Dr. Noll zu Hanau und des Großherzoglich Hessischen Herrn Kreiswundarztes Dr. Heußlein zu Groß-Steinheim, wendeten die Gefahr unter der treuesten und aufopferndsten Pflege seiner Gattin Pauline und Beihülfe seiner jüngsten Tochter Caroline ab zum Leben und zur Hoffnung einer zwar nur langsam kommenden aber, völligen Herstellung solch' einer schweren chronischen Krankheit, an welcher er noch 4 Wochen weiter stets zu Bette liegen mußte, nachher zwei Monate lang täglich nur einige Stunden außer Bette zubringen konnte, seit dem Anfange des Mai's mit besserer Reconvalescenz bei der ärztlich anbefohlenen Pflege, erquickenden Ruhe und neu erwachten Lebenslust, als rüstiger

Kämpe und fruchtbarer Schriftsteller hoffentlich noch, wie ihm prophezeit ist, ein hohes Alter erreichen werde. Ganz besonders war es die Geisteskraft und seine Schärfe des Nachdenkens und Urtheils, welche ihn selbst während der schwersten seiner Leidenstage nicht verlassen hatte, und es konnte hier Ciceros Versicherung: Senescentibus membris eruditorum intus animi industriae beneficio flores juventae retinent, an ihm als auffallend wahr erkannt werden, mehr noch jetzt an dem glücklichen Reconvalescenten.

Schließlich bemerken wir noch, daß Jubilar seit 1859 seinen langjährigen Wohnsitz, das Landhaus Ludewigshaus zu Kleinkrotzenburg, verlassen hat und zu Groß-Steinheim wohnt.

Gesundheits-, Familien- und Dienstberufsrücksichten werden ihn jedoch zu gelegener Zeit veranlassen müssen, nach seiner ursprünglichen elterlichen Heimath, der Residenz Darmstadt, wo er früher bis in sein 30. Lebensjahr wohnte, überzusiedeln, um im daselbst reichlich dargebotenen Genusse der Kunst und Wissenschaft, des feinen geselligen Umgangs und aller nützlichen Bequemlichkeiten und Annehmlichkeiten der Stadt, den Abend seines Lebens zuzubringen.

P.

Das Castrum Selgum

zur

Urgeschichte der Stadt Seligenstadt

und des ausgegangenen

Dorfes Zelle bei Zellhausen

von

Joh. Wilh. Chr. Steiner,

beider Rechte und der Philosophie Doctor, Hofrath, Historiograph des Großh. Hess. Hauses und Landes, Ritter des Großh. Hess. Verdienst-ordens Philipps des Großmüthigen, Mitglied der K. Akademie der Wissenschaften zu München, Ehrenmitglied der historischen Vereine zu Augsburg, Bamberg, Halle, Hannover, Meiningen, München, Rottweil, Sinsheim, Wetzlar, Wiesbaden, Würzburg, des archäologischen Instituts zu Rom, corresp. Mitgl. der histor. Vereine zu Berlin, Kassel, Lübeck, Leyden, Mainz, Minden, actives Mitglied der histor. Vereine zu Bonn und Darmstadt.

Seligenstadt, 1858.

Auf Kosten und im Verlage des Verfassers.

Ihren Königlichen Hoheiten

Ludwig III. und Mathilde

Großherzog Großherzogin

von Hessen und bei Rhein,

widmet diese Schrift

als Programm zur Feier Allerhöchst Ihres 25jährigen Vermählungsfestes den 26. December 1858,

glückwünschend

und zur Erinnerung an Allerhöchst Ihre Anwesenheit zu Seligenstadt vom 9. auf den 10. Januar 1834,

in tiefster Ehrfurcht

der Verfasser.

Die Bewohner der Stadt und des Bezirks Seligenstadt empfingen am 9. Januar 1834 Ihre Königlichen Hoheiten den Großherzog Ludwig III. und die Großherzogin Mathilde (damals Erbgroßherzog und Erbgroßherzogin) bei Allerhöchst Ihrer Ankunft aus dem Königreiche Bayern an der Grenze des Großherzogthums Hessen mit freudigem Jubel, und Seligenstadt hatte damals das Glück, der erste Ort des Landes zu sein, in welchem dieses neu vermählte Hohe Fürstenpaar auf der Reise über Offenbach nach Darmstadt zu jener Zeit ankam, um daselbst vom 9. auf den 10. Januar 1834 im Prälaturgebäude der ehemaligen Abtei zu verweilen.

Diese freudige Begebenheit jener schönen Zeit wünscht der Verfasser gegenwärtiger Schrift über die Urzeit der altehrwürdigen Stadt Seligenstadt aus Anlaß des bevorstehenden fünfundzwanzigjährigen Vermählungsfestes unseres erhabenen Fürstenpaares in Erinnerung zu bringen und das Andenken daran zu erhalten, indem er zu gleicher Zeit seinen herzlichen Glückwunsch zu diesem Feste ehrfurchtsvoll darbringt.

Die Nachrichten, welche wir aus Römerzeit von Seligenstadt besitzen, habe ich bereits in der Geschichte dieser Stadt, S. 1 f., in der Geschichte des Maingebiets, S. 168 f., in dem **Codex i. r. Danubii et Rheni I.** 82 f., und im Archiv für hess. Gesch. B. 3, Heft 1, **VII**, mitgetheilt.

Daselbst wird auch zweier römischer Lapidarinschriften gedacht, welche i. J. 1820 beim Abbruche der alten einst eine halbe Stunde von Seligenstadt auf der Stelle des ausgegangenen Dorfes Zelle gelegenen und zur Gemarkung Zellhausen gehörigen Zellkirche gefunden worden sind und gegenwärtig in meinem Garten zu Kleinkrotzenburg aufbewahrt werden.

Früher der Meinung, beide Inschriften seien Fragmente zweier verschiedener Denkmäler, das eine einer Ara Jupiters, das andere eines Grabsteins, konnte daraus für Geschichte wenig geschöpft werden, so viel wir dagegen jetzt dieses bei näherer Betrachtung der zwei Steine vermögen, deren bisher verborgener Inhalt ein helles Licht auf alte Geographie und Verfassung beider obengenannten Orte wirft.

Als ich bei einer wiederholten Revision der bereits erschienenen drei Th. meines **Codex inscript. romm.** (deren Resultate im vierten Theile nachgetragen und in einem besondern Textbande zusammengestellt werden) mit Rücksicht auf einerlei Fundort, Gleichheit des Materials beider Fragmente (gelber Sandstein von Pflaumheim) und gleiche Zahl der Schriftzeilen auf den Gedanken kam, zu versuchen, ob hier vielleicht Reste e i n e r Inschrift zu entdecken seien, zeigte sich die Richtigkeit meiner Vermuthung beim Zusammenlesen der Zeilen des

Originals, nachdem ich die Schriftseiten beider neben einander gelegten Fragmente einer Schrägbeleuchtung der Sonne ausgesetzt hatte und auf diese Weise die, zu verschiedener Zeit abwechselnd von Osten und Westen aus besehene Schrift sowohl nach ihren erhaltenen ganzen Theilen als nach den vorhandenen Resten genau erkennen konnte.

Ich nahm folgende Abschrift unter Bezeichnung der Fragmente 1 und 2 und Anmerkung eines vertical mitten hindurch laufenden leeren Raums als Andeutung des durch Zerspaltung des Steins entstandenen Schriftverlustes:

N. 1.	N. 2.
I	M
HEIIC	OLIT
NO VI	ER
FELICI	IER
RIO	VC
IVLIVS	AP
FIL FA	A RVF
VS PAP	. . . . .
SENTIVS	GEMEL
LVS DO	VERVNT
PRAEF. C	A VIT
CASTRI SE	I AIM A
IO ET AO	NO OS
V S L	M.

Ergänzt und zu lesen wie folgt:

I (O) M
HE(L)IO(P)OLIT(A)
NO VE(N)ER(I)
FELICI(M)ER
(CV)RIO(A)VG(VSTO)
IVLIVS (M)A(RCI)
FIL. FA(BI)A RVF
VS PAP(HO ET)
SENTIVS GEMEL

LVS DO(NA)VERVNT
PRAEF(E)C(TVR)A VET
CASTRI SE(LG)I AEM(ILI)A
NO ET AQ(VILI)NO (C)OS.
V S L (L) M.

Jovi optimo maximo Heliopolitano, Veneri felici, Mercurio augusto, Julius, Marci filius, fabia, Rufus, Papho et Sentius Gemellus donaverunt praefectura veteranorum castri Selgi Aemiliano et Aquilino consulibus votum solventes laeti lubenter merito.

Jupiter dem besten, größten, dem Heliopolitanischen, Venus der glückbringenden, Merkur dem augusteischen (vom Kaiser verehrten) haben (diesen Altar) gewidmet (gestiftet) Julius Rufus, des Marcus Sohn von der fabischen Tribus aus Paphos und Sentius Gemellus in der Veteranenpräfektur des Castrums Selgum unter dem Consulate des Aemilianus und des Aquilinus (253 n. Chr.) ihr Gelübde freudig gerne und nach Gebühr lösend.

Auf der Nebenseite des Fragm. 1 sind ein Opferbeil und eine Opferschüssel und auf jener des Fragm. 2 ein hoher spitz zugewachsener unten breiter Baum mit kurzem dicken Stamme abgebildet. Die Basisverzierung ist an beiden Fragmenten weggehauen, von der Capitälverzierung sieht man nur beim Fragm. 2 einige Ueberreste. Die Rückseite beider Fragmente ist rauh bearbeitet, stellenweise vertieft und ungleich und war mithin zum Einsetzen in die Mauer eines Tempels oder einer Aediculanische bestimmt.

Zur Urgeschichte der St. Seligenstadt und des Dorfes Zelle kommt in dieser Inschrift eine wichtige Stelle vor, welche für die nachfolgende Abhandlung von vornherein hervorzuheben ist; sie lautet: praefectura veteranorum castri Selgi. Bevor hierüber eine Erklärung versucht wird, wollen wir den übrigen Inhalt der Inschrift kennen lernen, weil damit zugleich Einiges zur Beleuchtung dieses Hauptgegenstandes benutzt werden soll.

Jovi optimo maximo Heliopolitano. Die Ergänzung dieses Beinamens steht außer Zweifel. Er erscheint in folgenden Stellen zweier Inschriften von Puteoli (j. **Pozzuoli**) in Neapel, welche lauten: **ex jussu J. optim. maximi Helio politani** (Mommsen **Inscript. r. Neapol** Nr. 2475); ferner: **Cultores Jovis Heliopolitani qui Puteolis consistunt** (das. Nr. 2488). Auch bestand an jenem Orte eine besondere Genossenschaft zur Verehrung dieser Gottheit ein „**Corpus Heliopolitanorum** (das. Nr. 2476) **cultores Jov. Heliopolitani**, wie oben angeführt ist. Jupiter erhielt diesen Beinamen von der Stadt **Heliopolis** in Cölesyrien, unter den Römern **Colonia Julia Augusta Felix Heliopolis**, (jetzt Baalbek in der asiatischen Provinz Syrien oder Suristan) genannt. Hier befand sich einst der Hauptsitz der Verehrung des Baal, einer mit Helios identificirten Gottheit, welcher zu Ehren (in weiterer Identificirung mit Jupiter) unter dem K. Antoninus Pius daselbst ein prachtvoller Tempel erbaut wurde, dessen Ruinen noch jetzt zu sehen sind. Mit Bezug auf die Lage dieser Stadt am Libanon, wo ehemals die Ceder in großer Menge wuchs, scheint der auf dem Steine abgebildete Baum eine solche, als heimathliche Andeutung auf Heliopolis und den davon abgeleiteten Beinamen des Jupiter vorzustellen. Weiter scheint bei dem so seltenen Vorkommen von Denkmalen dieser Widmung und soweit uns bekannt, dem einzigen im Römerlande der Donau und des Rheins, die Versetzung dieses Cults in unsere Gegend dem Umstande beizumessen zu sein, daß einer dieser hier genannten zwei Votirenden (Sentius Gemellus, wie gleich unten vorkommt) zu Heliopolis im röm. Kriegsdienste gestanden, hier diesen Cult kennen gelernt, und nachdem er als Veteran in die hiesige Gegend auf eine nächst dem Castrum Selgum befindliche Militäransiedelung versetzt worden war, ihn da aus besonderer Verehrung fortgesetzt habe. wie wir dieses nach vorliegenden Beispielen von andern aus der weitesten Entfernung des römischen Reichs in die beiden germanischen Provinzen auf gleiche Weise versetzten Götterculte wissen, z. B. des Cults des **Jupiter Dolichenus** (benannt nach der Stadt Doliche im nördlichen Syrien) nach Denkmalen zu Aschaffenburg (Steiner Codex i. r. Nr. 712), zu Pforzheim (das. Nr. 893), zu Hedernheim (das. Nr. 1693), zu Remagen (das. Nr. 2385); ferner des **Jupiter Casius**, benannt nach einer Gebirgsgegend in Phönizien, und der daselbst verehrten **Dii Casses** nach Denkmalen zu Oberklingen bei Umstadt (das. Nr. 175), zu Landstuhl (das. Nr. 795), zu Hedernheim (das. Nr. 1692) u. a. O., wodurch constatirt ist, daß neben dem Cult des **Jupiter Casius** auch jener der **Dii Casses** allein, hier eingeführt war.

Veneri felici. Eine Venus felix erscheint bei Gruter S. 59 Nr. 7 und bei Mommsen a. a. O. Nr. 3903, 6034. Hiernach konnten obige Schriftreste wegen des nachfolgenden Wortes **FELICI** mit Sicherheit ergänzt werden.

Auf der Insel Cypern, die unter dem Namen **Cyprus** eine der zehn Provinzen des römischen Reichs im Oriente war, (Not. dign.) lag die Stadt Paphos, berühmt im Alterthume wegen der dort herrschenden Verehrung der Venus. Ich habe die Ergänzung **Papho** vorgeschlagen, theils wegen des Vorkommens dieser **Venus felix** neben dem **Jupiter Heliopolitanus** zur Erinnerung des Einen beider Votirenden an seine Heimath und ihren religiösen Cult, theils weil ein jeder der beiden Stifter nur zwei Namen führt, und bei dem Julius Rufus die Tribus, zu welcher derselbe gehörte, dergestalt am rechten Orte geschrieben erscheint, daß man hiernach die gebrauchsmäßige Stellung und Anführung seines Heimathsortes Paphos (nach dem Namen Rufus) annehmen kann. Was die Schreibung **MARCI FIL**, statt **M. F.** betrifft, so findet man zwar die Pränomina meistens nur mit den Anfangsbuchstaben angedeutet, allein es gibt hiervon auch Ausnahmen, z. B. Steiner Codex Nr. 324, wo **MARCI F.** vorkommt.

Mercurio augusto. Ich kann hier kurz bemerken, daß dieses Epithet ein bekanntes des Mercur ist, z. B. Steiner

Codex Nr. 21 und Gruter S. 53 Nr. 12, 13, 14. Auch vielen andern Gottheiten hat man es zum Zeichen der besonderen Verehrung, die ihnen von dem einen oder andern Kaiser gewidmet wurde, gegeben, z. B. der Diana auf einem Altare zu Seligenstadt (das. Nr. 185).

Donaverunt praefectura veteranorum castri Selgi, d. i. sie haben (diesen Altar) gewidmet (errichtet) in der Veteranenpräfectur des Castrums Selgum.

Hiermit sind wir zum Hauptgegenstande dieser Abhandlung gekommen, worin es sich um Namen, Lage und Verfassung zweier Oertlichkeiten, der des Castrums und jener der Veteranenpräfectur handelt. Zuvor einige allgemeine Bemerkungen.

Präfecturen waren Filialorte der röm. Municipien und Colonien. Je nach Verschiedenheit örtlicher Verfassungsverhältnisse zu Hauptorten und der Privatrechte gab es auch noch andere Filiale, als: **vici, fora, conciliabula, stabula.** So viel nur im Allgemeinen von den letzteren. Die Präfecturen erscheinen ihrem Ursprunge nach theils als durch Eroberung und Bestrafung mit Verlust früherer Rechte in Abhängigkeit herabgesunkene Gemeinden, theils in Folge der Colonisation der Provinzen als neugegründete Ortschaften in gleicher aber nicht zum Zeichen der Strafe, sondern im Interesse der Ansiedelung und Politik nothwendigen Abhängigkeit von der Obrigkeit eines Bezirks oder Hauptortes. Die Coloniepräfecturen waren theils bürgerliche, theils militärische. Jene standen unter der Verwaltung des Justizpräfecten eines Bezirks (**praefecti juris dicundi civitatis**, s. St. Cod. Nr. 2712 und Comment. a. v. **Civitates**, verschieden, nicht einerlei, wie man bisher wegen nicht verstandener Beschaffenheit der **Civitates** angenommen hatte, von den ihnen subordinirten **duumviris juris dicundi** einzelner Municipien und Colonien). Die militärischen Präfecturen waren der Verwaltung eines Lagerbezirksbefehlshabers (**praefectus castrorum**) unterworfen, vor welchem auch die Streitigkeiten in Civilsachen entschieden wurden. Den dienstlichen Standpunkt dieser Präfecten lernen wir aus einer besonderen zum Schutze der römischen Grenzländer nothwendig gewordenen militärischen Organisation kennen, welche darin bestand, daß mehrere Castra sammt den dazu gehörigen Filialen bezirksweise administrativ vereinigt und einem Präfecten, und diese wieder provinzenweise zu einem großen Landbezirk vereinigt, damit zugleich dem Befehle eines ihm vorstehenden Dux untergeordnet wurden. Jener lat. Amtstitel praefectus castrorum wäre also durch die oben gebrauchte Paraphrase „Lagerbezirksbefehlshaber" deutlicher gemacht.

Da wo diese Praef. castrorum vorkommen, erscheinen keine Praef. jurisdi cundi, keine Civitates. Bestand irgendwo einmal diese Verfassung der Civitates, so mußte sie aufgegeben werden, sobald Gefahr vorhanden war und zu Abwendung derselben Lagerbezirke organisirt wurden, wie dieses beispielsweise im vierten Jahrhundert am rechten Ufer der Donau geschah, als die Barbaren angefangen hatten, nach Eroberung der römischen Besitzungen am linken Donauufer, auch die des rechten anzugreifen; da erscheinen hier nach der Notit. dignit. die Castra Batava, Castr. Quintana, C. Augustana (wo vorher die Civ. Augu ta norum bestand) C. Abusina, C. Fibiana, das Summontorium (ebenfalls ein Lagerbezirk ohne Beisetzung des Wortes castra) das Vallutum, ein mit Graben und Wall umgebener Bezirk, und viele andere, wie sie von Buchner und von v. Raiser beschrieben werden.

Bevor wir das Vorstehende auf jene zwei in der Inschrift genannten Oertlichkeiten in Anwendung bringen, ist zu zwei dahin gehörigen Textstellen Folgendes zu bemerken. Die Z. 11 wegen des am Wortende übrig gebliebenen A und nach dem vorhandenen Defectraume ergänzte Stelle praefectura ist die Benennung eines Filials des Castrums und steht hier im abl. loci. Ferner kommt für die Anzeige des Wortes Veteranus sehr oft die Abkürzung VET inschriftlich vor, z. B. Steiner Codex Nr. 33, 561, 974, 1027, 1044, 1413 u. a. Offenbar erscheint auf dem Steine der Strich I als das übrig gebliebene

Fulcrum von E und hiernach die Ergänzung VET gerechtfertigt.

Unsere Präfectur war eine militärische, weil sie von Veteranen bewohnt wurde, welche ihre Söhne zum Kriegsdienst zu stellen hatten und dazu in gewissen Fällen ebenfalls noch selbst gebraucht wurden (s. Steiner Maingebiet und die daselbst S. 293 aus Capitolinus angeführten Stellen) sie war eine solche ferner, weil sie als Filial eines Castrums, nicht eines Municipums oder einer Coloniestadt erscheint. Sie gehörte zum Territorium dieses Castrums, denn jedes einzelne Castrum hatte im größeren Lagerbezirk (Castra) wieder sein kleineres, wie aus L. 2. C. de fundis limitrophis et terris et limitaneis vel castellorum hervorgeht und wovon unten Näheres.

Die Stelle, wo einst diese Präfectur lag, ist leicht zu ermitteln.

Neben einem von der alten babenhäuser Straße seitwärts ab, Zellhausen vorbei nach Stockstadt ziehenden und hier in die alte Straße, welche von Seligenstadt dahin geht, mündenden alten Vicinalwege, stand einstens das Dorf Zelle mit einer Capelle. Hier soll nach einer Sage Eginhards Gemahlin, Emma, als Vorsteherin eines daselbst befindlichen Frauenklosters gelebt haben (Steiner Geschichte von Seligenstadt, S. 20), wenigstens deutet das Wort Cella mit Gewißheit auf ein daselbst befindlich gewesenes klösterliches Gebäude. Das Dorf, welches dabei stand, seinen Namen hiervon ableitete und unter demselben sehr oft urkundlich vorkommt, ging im 14. Jahrhundert ein, und seine übrig gebliebene Capelle, Zellkirche genannt, war bis zum Jahr 1820, in welchem sie abgebrochen wurde, zu verschiedenen Zeiten des Jahres, namentlich bei der Wallfahrt auf Markustag zu gottesdienstlichen Zwecken bestimmt. Das Terrain, worauf Dorf und Capelle standen, heißt „Zellgewann“ ist ungefähr 60 Morgen groß und enthält noch viele Gebäudesubstructionen, namentlich massenhaft tiefgehende Fundamente und Merkmale früherer Ausgrabungen der Landleute, welche hier Baumaterial suchten und ihre Felder nutzbar machten. Durch diese Unternehmungen kamen außer den Gegenständen des späteren Mittelalters und der früheren fränkischen Zeit auch römische zum Vorschein, namentlich die oben beschriebene Ara, ferner ein Handmühlstein, Münzen, Bronzen, Backsteine, die ich alle gesehen, zum Theil aufbewahrt und für die Sammlung des hist. Vereins für das Großh. Hessen bestimmt habe.

Die Lage dieser so beschaffenen Stätte an einem alten schon zu Römerzeit gebrauchten Vicinalwege, neben welchem sich eine Stunde von dieser Stätte entfernt, auch noch das ausgegangene Dorf Hausen mit dem großen römischen Signalhügel „häußer Schloß" genannt, befunden hat, ferner ein von Seligenstadt durch den Brüel (Broil, Breuel) auf diese Stätte direkt ziehender Weg, „Stallweg" genannt (vielleicht von Stubulum abzuleiten), läßt uns mit besonderer Berücksichtigung des Umstandes, daß hier der Fundort unserer Ara ist, die Localität erkennen, auf welcher einst diese Präfectur gestanden hatte.

Ich gehe zur Erklärung des Namens **Selgum** *) (unter welchem ich das Castrum erscheinen lasse) über, suche und finde damit zugleich dessen Lage in der Nähe seines Filials (Präfectur) — auf der Stelle, wo jetzt Seligenstadt liegt.

---

*) Das der Defectstelle SE..I voranstehende Wort im Genitiv CASTRI deutet auf ein anderes Wort, dessen Genitiv in I ausgeht und demnach einen Nominativ auf us oder um voraussetzt. Nach der Analogie vieler latinisirten keltischen Ortsnamen, z. B. Mogontiacum, Argentoratum, Antonacum, Cambodunum, Juravum, Cappuntum wähle ich die Form „Selgum" um so mehr, als die alturkundliche deutsche Form „Selgenstat" darauf hinweist und aus jener entstanden ist. Aus der S. 16 allegirten Urkunde bei v. Pallhausen ersehen wir, daß das keltische „Selg" oder „Celg" die lateinische Form „Celgum" erhalten hat, wenn die betreffende Stelle „exceptis exunaquaque parte quam? (quae) Celga vocamus" wie hier steht corrigirt wird, und mit Rücksicht auf das Wort „exceptis" Celga unstreitig der Acc. Plur. von Celgum ist.

Die Untersuchung hierüber knüpft sich an zwei Haltpunkte 1) an die Bedeutung des keltischen Wortes „Selg" und 2) an der Stadt Seligenstadt alturkundlichen Namen „Selgenstat" (sic).

Was versteht man unter „Selg" oder wie dieses Wort zuweilen geschrieben wird „Zelg"? In allgemeiner Bedeutung wird hierunter „das bestellte Feld" verstanden, von „selgen" oder „zelgen", d. i. bestellen; in engerer Bedeutung: das zu irgend einem besondern Feldprodukt bestellte Feld, z. B. der Kappus-Selg und bei der Dreifelderwirthschaft: der Winter-, Sommer-Selg (Schmeller, bayerisches Wörterbuch IV. 255). Daß dieses Wort jedoch nicht überall auf Production zu beziehen ist, sondern nach irgend bestehenden Rechtsverhältnissen auf gewissen Grundstücken ständig haftet, geht aus einer Urkunde bei von Pallhausen Bojoariae Top. I. 126 hervor, worin es heißt: **Odolhardus nobilis vir tradidit ad Ergetesbach hobas VII et omne territorium, quod ibidem visus et habere, exceptis exunaquaque parte, quam (quae) *Celga* vocamus.**

Der Feldname „Selg" kommt in der Nähe von Seligenstadt zweimal vor: 1) in der Gemarkung des $^3/_4$ Stunden von dort entfernt liegenden Dorfes Kleinkrotzenburg, wo eine neben der Beune und nahe beim Dorfe befindliche Gewann, worin das Kappusfeld liegt, der „Selg" heißt, ein Wort, welches im Munde des Volks oft zu hören ist; 2) in der Gemarkung des $^1/_4$ Stunde von Seligenstadt liegenden Dorfes Kleinwelzheim, wo sich zwischen dem mainflinger Wege und der Remise unter dem noch jetzt bekannten und gebrauchten Namen „Selgsträuche" ein Gelände befindet.

Durch diese topische Wahrnehmung aus ganz naher Umgegend haben wir, wie der Leser mit mir wohl einverstanden sein wird, blos eine Annäherung zur Erklärung der ergänzten Textstelle gewonnen, weil es hiernach nur wahrscheinlich ist, daß einst auf der Stelle, wo die Römer ein Castrum erbaut haben, ebenfalls mitten inne der beiden genannten „Selge" eine von Kelten bewohnte gleichbenannte gelegen habe.

Diese Wahrscheinlichkeit wird jedoch nach folgenden weitern

Daten unter Beseitigung mehrerer ihnen scheinbar entgegenstehenden unten angeführten Zweifeln zur völligen Gewißheit.

Zur Zeit, als das Kloster Seligenstadt noch nicht erbaut, folglich von einer Translation der Gebeine der h.h. Peter und Marcellin (nach welchen, wie unten vorkommen wird, als den „Seligen" aus dem mißverstandenen alturkundlichen Namen „Selgenstat" seit dem 14. Jahrhundert der neue „Seligenstadt" entstand) noch nicht die Rede sein konnte, kommt im Jahr 802 n. Chr. dieser Ort zum ersten Male urkundlich vor und zwar unter der Schreibung „Selgenstat". Die Urkunde, welche diese gibt, benachrichtigt uns zugleich von der Anwesenheit Karl's des Großen daselbst am 23. April 802 und von einer Güterschenkung, die er von hier aus zu Gunsten des im Bisthum Halberstadt damals gelegenen Klosters Helmstadt ausfertigen ließ. Die Urkunde schließt folgendergestalt: **Datum VII. kal. majas anno incarnationis DCCCII, Karoli vero serenissimi regis ejus imperii II. Actum Selgenstat feliciter amen. (Buccellinus Germ. sacra. p. 307.)**

Diese Schreibung erscheint in der Folge constant bis ohngefähr in die Mitte des 14. Jahrhunderts, und kommt urkundlich unter den kleinen Variationen „Selgunstat, Selgenstat, Selginstat, Selgenstadt", niemals aber „Seligenstat", 26mal vor (Baur, Urkundenbuch im Archiv für hess. Gesch., Nr. 42, 131, 177, 180, 187, 188, 191, 192, 196, 222, 356, 366, 369, 396, 417, 531, 542, 571, 572, 638, 642, 650, 668, 709, 710, 727).

Wenn zur Erklärung der Ortsnamen dem Ursprunge nach stets auf die älteste Form ihrer Schreibung gesehen werden muß, so finden wir bei Anwendung dieser bewährten Regel, daß sich dieser Ortsname auf das oben erklärte und noch jetzt in der Nähe von Seligenstadt gesprochene Appellativum „Selg" mit Hinzufügung des bei ehemaligen Römerstätten gebräuchlichen Appellativ. „Stat", beziehen müsse, daß mithin keine andere Erklärung desselben zuläßig erscheint, als die, welche nach den ältesten Urkunden und in noch jetzt lebenden Worten gedachter Bedeutung nach an ihm haftet. Nachgerade müßte deßhalb die defecte Textstelle **SE..I** die Ergänzung **SELGI** (im Genitiv, weil **CASTRI** voransteht) erhalten.

Die Frage, ob die alturkundliche Form „Selgenstat“ mit Zurückweisung der von mir vorgeschlagenen latinisirten Form „Selgum“ oder aus dem ursprünglichen Namen „Selg“ zunächst hervorging, scheint für die Annahme des letzteren Falles in der Beschränkung beantwortet werden zu können, daß die lateinische Sylbe um auf die deutsche Verlängerung en (wenn hier keine Casusendigung angenommen werden kann) Einfluß gehabt zu haben scheint.

Neben diesen aus dem Ursprünglichen und Alturkundlichen hervorgehenden Betrachtungen und Entscheidungen wollen wir noch verschiedene aus Unwissenheit und Träumereien hervorgegangene willkührliche Deutungen und unstatthafte Einfälle anführen, wie sie uns der gelehrte Prior der Abtei Seligenstadt, Weinkens, in seinem **Eginhartus illustratus p 57** fg. in der Absicht mittheilt, um in seinem Zweifel an sie, Licht zu bekommen. Er berichtet: Die Sage, der Name Seligenstadt sei von einem Ausrufe Kaiser Karl's — selig ist die Stadt, wo ich meine Tochter funden hatt' — abzuleiten, erscheine grundlos und verwerflich: ein müßiger Kopf (Abraham Sauer) habe sie erfunden; ferner: des Abten Trithemius Mittheilung in irgend einer seiner Schriften über Ostfranken — Salagast der Philosoph und Gesetzgeber habe Seligenstadt erbaut, sei daselbst um das Jahr 447 n. Chr. gestorben und man habe nach ihm diesen Ort „Saligenstadt“ genannt — entbehre aller Glaubwürdigkeit, dagegen könne etwa dieses angenommen werden, daß man den stark besuchten Wallfahrtsort Obermühlheim (dies sei sein früherer Name gewesen) aus hoher Verehrung der dahin zu Eginhard's Zeiten gebrachten Reliquien der hh. Peter und Marcellin seitdem den Ort der „Seligen“ genannt, sofort jenen alten Namen Obermühlheim in den neuen „Seligenstadt“ umgewandelt habe; aber, so setzt Weinkens als ehrlicher und unbefangener Forscher hinzu „**quomodo subsistit subscriptio Caroli M. Seligenstadii facta, si jam dicta** veritati conformia? Ego tollens manum de tabula, hoc doctioribus me enodandum relinquo“, d. i. umschrieben: „wenn die Entstehung des Namens Seligenstadt der Heiligenverehrung zugeschrieben werden soll, wie erklärt man dann das urkundliche Erscheinen dieses Namens vorher zu Karl d. G. Zeiten im Jahr 802, als daselbst das Kloster noch nicht bestanden hatte und die Reliquien der beiden Heiligen dahin noch nicht gebracht worden waren?“ Mit jenen Worten und der Bemerkung „ich kann hierüber keinen Aufschluß geben und überlasse die gründliche Beantwortung dieser Frage einem besser Unterrichteten als ich es bin“, zeigt Weinkens in richtiger Verfahrungsweise eines Forschers die Lücke, deren Dunkel übrigens schon damals vor seinen Augen verschwunden wäre (und auch mir, als ich vor 40 Jahren die Geschichte von Seligenstadt geschrieben hatte) wenn, wie nun oben geschehen, das schon damals offen liegende Ursprüngliche und Topische (wozu freilich jetzt die neu erklärte Römerinschrift mithalf), sodann noch folgender bis jetzt ganz unbeachtet gebliebener einwiegender Umstand in Betrachtung gezogen worden wäre.

Seligenstadt erscheint urkundlich im Jahr 802, Mülinheim (Obermühlheim), im Jahr 813 *). Damals bestand die Abtei noch nicht, die Reliquien der genannten Heiligen waren hier-

*) Nach diesen Oertlichkeitsverhältnissen fällt auf die Schenkungsurkunde Kaiser Ludwig's des Frommen, wodurch Eginhard in den Besitz des Dorfes Mülinheim kam (Steiner Geschichte von Seligenstadt) ein neues Licht, nach welchem wir ersehen, daß „Selgenstat“, in dessen Bereiche das kaiserliche Palatium stand, damals davon ausgenommen war. Da indessen späterhin um das Jahr 826 dahin das Kloster gebaut wurde, so geschah dieses hiernach unter besonderer weiterer kaiserlicher Bewilligung, worüber die Urkunde fehlt. Der Umstand, daß das Palatium bis in die Zeiten der Kaiser Friedrich I., Heinrich VI., Friedrich II. fortwährend als kaiserliches Eigenthum erscheint, führt uns dieses ursprüngliche Besitzverhältniß der Oertlichkeit „Selgenstat“ vor Augen, und es scheint daraus hervorzugehen, daß zur Zeit der Verschenkung des Dorfes Mülinheim an Eginhard und seine Gemahlin Emma an einen Klosterbau noch nicht gedacht wurde.

nach zu dieser Zeit noch nicht hierher transferirt, unmöglich kann also nach der alten Ansicht der Name Seligenstadt entstanden und aus Mülinheim in jenen umgewandelt worden sein. Aber unter welchen besonderen Verhältnissen stehen fast gleichzeitig die Namen beider Orte urkundlich neben einander, wenn keine Namensveränderung stattgefunden haben kann? Die Antwort ist leicht: wie beide Orte urkundlich gleichzeitig neben einander erscheinen, so lagen sie auch in der Wirklichkeit topisch gleichzeitig neben einander: Selgenstat auf der Stelle, wo einstens das Castrum Selgum lag, das kaiserliche Palatium im Bereiche desselben, Mülinheim nahe dabei und in Verbindung mit Selgenstat, wie wir dieses anderwärts, z. B. zu Dieburg, Darmstadt u. a. O. antreffen, und auf schlagende Weise zu Seligenstadt noch damit belegen, daß eine hiesige Gasse früherhin „mühlheimer Gasse" hieß (jetzt wird sie nach einer neuen Bestimmung des verstorbenen Bürgermeisters Goi Römergasse genannt), welche gewiß als Ueberrest jenes Dorfes zu betrachten ist und auf dieselbe Weise der Stadt Seligenstadt incorporirt wurde, wie zu Dieburg die mönfelder, altenstädter, holzhäuser Gassen jetzt Stadttheile sind, früher aber besondere nächst der Burg gelegene Dörfer waren.

Durch den Hinzutritt dieser alten Oertlichkeitsverhältnisse von Selgenstat und Mülinheim und in Betracht der alturkundlichen Form „Selgenstat" hätte also die oben angemerkte Lücke von Weinkens und mir (in der Geschichte von Seligenstadt) enger begrenzt und zu einer weiteren Forschung folgender Satz aufgestellt werden müssen: Der alturkundliche Name Selgenstat weist auf eine unbekannte uralte örtliche Beschaffenheit, nach welcher er entstanden ist, niemals geschah eine Namenveränderung aus Mülinheim in Seligenstadt, blos die alte Form „Selgenstat" wurde seit dem 14. Jahrhundert in die neue „Seligenstadt" umgeändert. Sie ist aus Anlaß des Sprachlautes ein Product des frommen Sinnes der alten Bewohner dieser Stadt und bezieht sich nach Weinkens zunächst auf die Heiligenverehrung.

In dieser enger als zuvor bei Weinkens **Eginh. ill. p.** 37 f. begrenzten Lücke habe ich nach dem oben Voranstehenden meine weiteren Forschungen ergehen lassen und darin ein Feld angebaut, wohin früher kein Fußtritt gekommen. Auf ihm steht die Römerara als ehrwürdiges Denkmal; geistig leuchtet am körperlichen Ueberreste desselben der Name „**Selgum**“, an welchen sich nachgerade der alturkundliche Name „Selgenstat“ reiht. Die Geschichtsforschung hat hiermit ihren Beruf erfüllt, ihre Pflicht, Vergessenes zur Anschauung bringen zu müssen. Hat die spätere Zeit nach der an die Stelle des Vergessenen gesetzten neuen Namensschöpfung „Seligenstadt“ in Erinnerung an ihren löblichen Grund ein verjährtes Recht daran erlangt, so will ihr die Geschichtsforschung hierin nichts schmälern, aber dabei doch ihr Eigenthum wahren.

Zum Schlusse will ich nun noch meine Leser durch die Räume des römischen Castrums und des dabei gelegenen Vicus führen, sofort hieran, wie zum Eingang dieser Abhandlung versprochen wurde, einige Betrachtungen über alte Geographie und Verfassung dieser merkwürdigen Oertlichkeit reihen.

Das Castrum lag über zwei Hügel am Main sich ausdehnend auf der Stelle, wo sich jetzt der Begräbnißplatz, die ganze Area der ehemaligen Abtei, der Freihof vor derselben, der neue Schulhaus- (Laurentius-) Platz, die Ruinen des Kaiserpalastes und die Hofraithe des Wirthshauses zur Mainlust befinden. Das Hauptthor am Ostende (**porta praetoria**) befand sich in der Gegend des großen Kirchhofsthores bei der Ziegelhütte, ihm gegenüber am Westende beim Eingange zur ehemaligen mühlheimer- (jetzt Römer-) Gasse das Hinterthor (**porta decumana**). Die Seitenthore können nach der Lage des jetzigen neuen Schulhauses, welches auf den in derselben Lage längs der Maingasse befindlich gewesenen Substructionen des in den Jahren 1819 und 1842 entdeckten großen römisch. Wärme- und Badehauses steht, ermittelt werden, wonach die **Porta dextra** am Mainthore und die **Porta sinistra** etwa in der Gegend des Posthauses standen.

Die von dem Centurio der 22. Legion Lucius Gellius Celerianus im Jahre 204 n. Chr. gestiftete **Ara Dianae cum tabula** (Steiner Codex &c. Nro. 183) war auf einem der beiden Hügel innerhalb des Castrums mit einer **Tabula** aufgestellt, d. i. es befanden sich dabei als Monumentzugaben ein Tisch mit Bänken zur Bewirthung eingeladener Gäste an festlichen Tagen, insbesondere an den Iden des August's, dem der Diana gewidmeten Festtage. Da die Stifter diese Art von Denkmale **cum tabulis** mit künstlichen Baum= und Blumenanlagen zu umgeben pflegten, so ist zu vermuthen, daß der Centurio eine seinem Stande vollkommen entsprechende Monumentalausstattung gedachter Art hier Statt finden ließ. (Steiner Codex II. 411.)

Die im Fundament der abgetragenen Laurentiuskirche gefundene **Ara Jovis et Genii loci** (Steiner Codex Nr. 186) scheint da, wo diese Kirche erbaut wurde und an deren Stelle wahrscheinlich vorher ein römischer Tempel befindlich war, gestanden zu haben.

Die nächst dem linken Mainufer direkt auf das Castrum ziehende Römerstraße nahm ihre Richtung mitten durch dasselbe nach dem Decumanthor und von da durch den dabei liegenden Vicus, dessen Gebäude der Länge nach daran gereiht, eine lange Gasse bildeten (Steiner System der römischen Wehren S. 12 f.). Aus diesem Vicus entstand späterhin das Dorf Mülinheim. Die jetzige mühlheimer= (Römer=) Gasse, die steinheimer Gasse, die Chaussee vor dem steinheimer Thore befinden sich auf dem ehemaligen Zuge dieser Straße. Der wirre Häusercomplex zwischen der mühlheimer und steinheimer Straße entstand in späterer Zeit, als Seligenstadt nicht allein über die Grenzen des Castrums und des Vicus erweitert, sondern auch in seinen inneren Raumtheilen vielfach beengt wurde.

Daß neben dem Castrum ein Vicus lag, ergiebt sich aus der Analogie. Ueberall erscheinen bei Hauptplätzen (und einer derselben war **Selgum**) besondere Ansiedelungen. Auch die beschriebene Bauart der Länge nach spricht dafür.

Durch die oben erklärte Stelle der Inschrift „praefectura castri" ist erwiesen, daß Selgum der Hauptort eines Bezirks (territorii L. 2. C. de fundis limitrophis, worin die territoria castellorum besprochen worden) gewesen ist. Zu diesem Territorium gehörten mit Gewißheit der Vicus neben dem Castrum und 2) die Veteranenpräfectur auf der Stelle, wo späterhin das Dorf Zelle lag. Wir können weiter gehen und zu diesem Bezirke die Markungen der Dörfer Froschhausen, Kleinkrotzenburg, Kleinwelzheim, Mainflingen, des ausgegangenen Dorfes Hausen bei Zellhausen ziehen, weil hier viele wohnliche Ueberreste aus Römerzeit vorkommen (Steiner Maingebiet S. 168 f.) und in der Nähe kein anderes Hauptcastrum lag, zu dessen Territorium diese Orte gehört hätten. Andere besondere Territorien hatten die main auf- und abwärts zwei Stunden von hier gelegenen Castra zu Stockstadt und Steinheim und das am rechten Mainufer gelegene Castrum zu Großkrotzenburg.

Die Verwaltung lag zur Zeit der Errichtung dieses Denkmals (256 n. Chr.) *) in den Händen eines Militärpräfecten und scheint eine solche bis zum Untergange römischer Machtinhabung diesseits Rhein und Main geblieben zu sein, aus Gründen, die ich oben angeführt habe. Später erscheint dieser Ort als Mittelpunkt nacheinander: eines Comitats, **) einer

---

*) Aemiliano et Aquilino consulibus nach den Fasten bei Almeloveen p. 200.

**) Graf Drogo, welcher nach der oben erwähnten Schenkungsurkunde als ehemaliger Beneficialbesitzer des Dorfes Mülinheim vorkommt, (die Urkunde sagt quae quondam comitis Drogonis possessio fact") scheint diesem Comitate vorgestanden zu haben. Die Nähe seines lehnbaren Besitzthums beim Palatium in „Selgenstat", von wo aus Karl der Gr. im J. 802 eine Urkunde ausstellte (S. 17), führt auf die Vermuthung, daß er zugleich Ministerial an dem zeitweise hier verweilenden kaiserlichen Hofe war und seine Residenz auf jenem Gute hatte.

Cent, Vogtei, eines Amtos, Landrathsbezirks, Landgerichts. Nach solchen Erscheinungen der Reihe nach von der Jetztzeit an zurück durch das ganze Mittelalter, kann man da, wo Römer wohnten, Schlüsse auf Verfassung dieser ihrer Art und Weise oft mit Sicherheit machen und damit für die alte Geographie noch manche Ausbeute gewinnen. *)

*) Hierüber im Commentar zu meinem Codex inscriptt. romm. unter der Aufschrift „Civitates“ das Nähere.

Kittsteiner'sche Buchdruckerei in Hanau.

Das System

der

römischen Wehren,

in Anwendung auf die Oertlichkeit,

wo jetzt Darmstadt liegt und das alte Neckargebiet

in der Bergstraße,

von

Hofrath Dr. Steiner,

Historiographen des Großherzoglich Hessischen Hauses und Landes,
correspondirenden Mitgliede der Königl. Akademie der Wissenschaften
zu München ꝛc.,

mit einer Biographie des Verfassers.

Seligenstadt, 1858.

Auf Kosten und im Verlage des Verfassers.

Seinen

Höchsten und Hohen Gönnern und Beschützern,

seinen Freunden und Angehörigen

widmet diese Schrift

als Programm zur Feier seines fünfzigjährigen Dienst- und Schriftstellerjubiläums (S. 26)

in ehrfurchtsvoller treuer Liebe

der Verfasser.

Seinen

Höchsten und Hohen Gönnern und Beschützern,

seinen Freunden und Angehörigen

widmet diese Schrift

als Programm zur Feier seines fünfzigjährigen Dienst- und Schriftstellerjubiläums (S. 26)

in ehrfurchtsvoller treuer Liebe

der Verfasser.

I.

Auf der Stelle, wo jetzt Darmstadt liegt, hat die Natur zwischen der nach dem Rheine sich ausbreitenden Ebene und den hier beginnenden kleinen Vorhöhen des Odenwaldes ein nach Westen weitauslaufendes Thal gebildet, eine Bucht des ehemaligen großen Binnensees (Rhein-Neckar-Mainsees), in deren Niederung ein von mehreren kleinen Nebenbächen genährter größerer Bach, welcher an der von Roßdorf nach Eberstadt ziehenden Höhe (Römerstraße) zwischen Traisa und Dippelshof seine Quelle hat, durch ausgedehntes Wiesengelände nach dem alten Neckar floß. Es ist der Soderbach (jetzt Darm genannt), welcher vor der Anlage des großen Woogs bei Darmstadt, ungetheilt seinen angegebenen natürlichen Lauf in jener Bucht nahm, und da, wo nicht durch Kunst eine Veränderung desselben entstand (wovon in der Geschichte des Landgrafen Georgs I. das Nähere), theilweise noch jetzt nimmt.

Zwischen dem alten Neckar und der Bergkette (Bergstraße) zog herab von Süd nach Nord die römische Straße zum Theil auf Vorhöhen dieser Bergkette (daher wird sie Bergstraße genannt) und überschritt da, wo jetzt Darmstadt liegt, diesen Soderbach. Die nächst dieser Stelle befindlichen Straßendirectionen sind nach Süden: der alte bessunger und der alte eberstädter, nach Norden: der alte arheilger Weg. Auf dem Punkte der Straßenüberschreitung am Soderbach zogen auch noch zwei römische Vicinalstraßen (viae diversoriae), die eine, welche von Umstadt nach Roßdorf geht, bei der Fuchsenhütte die obengenannte dieburg-eberstädter Römerstraße durchkreuzt (hier stand als sicheres Kennzeichen der Durchkreuzung nach der Regel römischer Straßenwehren ein Wachtthurm, dessen Fundamentreste Revierförster Hofmann entdeckte) über den

Soderbach zieht und südlich desselben in der Richtung des Soderwegs bei Darmstadt, welcher ein Ueberrest dieser Vicinalstraße ist, die römische Hauptstraße erreicht; der andere, welcher von Dieburg kommt, am Einsiedel vorüberzieht und bei der römischen Hauptstraße am Punkte der Ueberschreitung am Soderbach nördlich desselben anlangt, sofort hier die römische Bergstraße in grader Richtung nach dem Neckar durchkreuzt und auf der weiterhin längs dieses Flusses ziehenden zweiten römischen Hauptstraße, späterhin Geleitsstraße genannt, in der Gegend von Pfungstadt anlangt.

Bei dem Zusammentreffen zweier römischen Vicinalstraßen an einem Punkte der römischen Bergstraße, wo diese von der dieburg-pfungstädter Vicinalstraße durchkreuzt wird, am Eingange des vom Soderbach bewässerten Wiesenthals muß eine römische Niederlassung als Hauptglied des, zwischen Main, Rhein und dem Limes (Reichsgrenze im Spessart und Baulande) befindlichen großen Wehrennetzes bestanden haben, denn es treffen zu dieser Annahme hier am beschriebenen Knotenpunkte Darmstadt alle jene Voraussetzungen ein, unter welchen nach den Regeln der Anlage römischer Wehren und der damit in genauer Verbindung stehenden Bodencultur stets mit solcher Gleichmäßigkeit angebaut wurde, daß es, nachdem wir dieses System durch neuere Forschung kennen gelernt haben, jetzt nicht schwer fällt, nach ihnen selbst da Römerstätten zu finden, wo alle baulichen und anderen Spuren derselben verschwunden sind.

Der Leser wolle uns hier den Vortheil gönnen, von diesen Regeln nur im Allgemeinen reden und das Nachfolgende blos in Umrissen darstellen zu dürfen, weil hierüber bereits Näheres vorliegt. *)

Die Voraussetzungen, unter welchen bei dem Punkte Darmstadt eine befestigte römische Niederlassung befindlich

---

*) Steiner, Maingebiet unter den Römern. 1834; s. hiervon das Nähere in der Biographie des Verfassers.

gewesen sein muß, bestanden in der Nothwendigkeit eines grade hier nach verschiedenen Seiten hin zu gewährenden Schutzes und einer von verschiedenen Directionen her zu führenden Unterstützungs- und Signalverbindung.

Auf der Hauptstraße (Bergstraße) war dieser Punkt demnach ein Glied der Kastellenkette von Lupodunum (Ladenburg) an bis zum Main, und zunächst nach Süden, eine Stunde von da, der Clausur bei Eberstadt (Mühlburg nach Pfarrer Dr. Scriba's Entdeckung) und gewiß einer nach Norden hin ebenfalls zunächst gelegenen, aber noch nicht gefundenen Befestigung. Als Hauptcastell diente er hier zu doppeltem Zwecke, 1) die Straße der Länge nach und 2) die Thalausgänge (gefährlich als zahlreiche Schlupfwinkel des Feindes) sichern zu helfen.

Mit Rücksicht auf die zwei hierher ziehenden Vicinalwege war er ebenfalls zum doppelten Zwecke nöthig: 1) um diese Wege der Länge nach zu sichern und den auf denselben befindlichen Positionen zur Stütze zu dienen, 2) eine Vermittelung mit den Wehren der dieburg-eberstädter und ferner der am Neckar ziehenden Straße (später Geleitsstraße), sowie aller an den beiden Neckarufern befindlichen Stationen und Wachtposten (Weilerhügel, Wildhügel, Herrnhölzerberg u. a.) herzustellen.

Auf den beiden Vicinalstraßen diente er aber, um es näher zu betrachten, als Stütze und correspondirte 1) nach Umstadt hin: mit dem Wachtposten an der Fuchsenhütte (entdeckt von Revierförster Hofmann) bei der Durchkreuzung der dieburg-eberstädter Straße, sowie mit dem von Hofrath Wagner entdeckten Wachtposten auf dem „Patent" am Roßberge (andere Stellen sind noch zu suchen); 2) nach Dieburg hin: mit einer Position beim Einsiedel; 3) nach Pfungstadt hin: mit einem Kastell daselbst, welches nach Pfarrer Dr. E. Scriba's gründlicher und sehr ansprechender Kritik (Archiv f. hess. Gesch. 10) für das Munimentum Trajani gehalten wird, wiewohl wir, wie unten vorkommt, nicht jenes pfungstädter Kastell, sondern

1*

das auf der Stätte Darmstadt befindlich gewesene für das Munimentum Trajani halten.

Der Leser wird sich bei dieser der mittleren und ruhigeren Zeit römischer Herrschaft am Rhein gewidmeten Betrachtung vielleicht befriedigt finden und hiernoch die Annahme der Nothwendigkeit einer Position bei Darmstadt schon jetzt mit uns theilen, er wird uns aber in dieser Ansicht noch mehr beistimmen, wenn wir ihn auf die Zeit der römischen Occupation des Rhein=Main=Neckar=Bergstraßegebietes zurückführen, eines Gebietes, welches durch die Eigenthümlichkeit seiner Lage nach drei Flüssen, nach Gebirg und Fläche römischer Kunst der Landwehrenanlage (hier besonders der sogenannten Abwinkelung *) sehr zu statten kam, und wobei es sich deutlich herausstellt, daß die Position Darmstadt damals zum Hauptstützpunkte einer in der unteren Gegend südlich des Mains ausgeführten Operation auserseben worden ist, sofort einmal dazu erhoben, es noch in späterer Zeit bleiben mußte, ja, als die römische Herrschaft am Rhein im vierten Jahrhundert zu sinken begann, diese ihre erste Bestimmung, wie wohl in umgekehrter Art, gefährdetes und angegriffenes Land nach seiner günstigen Lage zu behaupten, von da aus angrenzende Bezirke zu schützen oder diese doch dem Feinde beim Zurückweichen vor demselben Schritt für Schritt streitig zu machen, nochmals erhalten hatte.

Folgende Darstellung möge das Gesagte näher erläutern.

Das oben genannte Rhein=Main=Neckar=Bergstraßegebiet erscheint durch den alten Lauf des Neckars in zwei nach bei=

---

*) Aus einem Schreiben des Geh. Staatsraths Dr. Knapp, Präsidenten des hess. V. f. d. Gr. Hessen, Verf. des gelehrten Werks: röm. Denkmäler des Odenwaldes und vieler antiq. Aufsätze im Archiv f. hess. Gesch., an den Verfasser folgende Stelle: „Ganz besonders merkwürdig erscheint mir das von Ihnen entdeckte System der Flußabwinkelung. Die Taktik der Römer zeigt sich dadurch in einem neuen Lichte, und Vieles wird hiernach klar, was bis jetzt, mir wenigstens, unerklärlich war.“

liegender Karte mit I. II. bezeichnete Gebiete natürlich abgetheilt (in der ersten Zeit allemannischer Herrschaft des vierten Jahrhunderts unter den Fürsten Hortar und Suomar auch politisch), und zwar das Gebiet I. von drei Seiten durch den Main, den Neckar und das Gebirg, deren beiden letzteren Linien sich bei Zwingenberg nahe berühren und hier einen festen Ein- und Ausgangspunkt (Paß) bilden, stark geschützt, ferner das Gebiet II. mit offenem Terrain nach Süden und in seiner Ausbreitung blos vom Rhein, dem Neckar und der Bergstraße seitwärts begrenzt. Für Progressivoperationen konnten beide Gebiete zusammen, aber auch einzeln, je nach dem Bedürfnisse, ob sie nach Süden oder nach Norden zu richten seien, benutzt werden; jenes geschah, wie wir weiter hören werden, im vierten Jahrhundert, dieses im ersten unter Kaiser Trajan, welcher für seine Operationen mainaufwärts das dahin gerichtete, nach seiner beschriebenen Lage weit sicherere Gebiet I. wählte, wie wir dieses nach dem Gang der gegen die Chatten dirigirten früheren Progressionen am Main und nach der Vertheilung der links und rechts des Neckars so zahlreich vorkommenden befestigten Stellen um so mehr annehmen dürfen, als damals nicht nach Süden hin, gegen ruhige Decumatenlandbewohner, im Gebiete II. Anlagen nöthig erschienen sind, sondern im Gebiete I. nach dem Main hin, und zwar anfangs zur Flankendeckung der an diesem Flusse aufwärts desselben sich ausbreitenden Wehren, nachher, als die Linien im Odenwalde seitwärts südlich mit einer Richtung rechts aus der Flanke *) vorrückten,

*) Die Richtigkeit dieser Progressionen rechts aus der Flanke nach dem Odenwalde hin zeigt der bemerkenswerthe Umstand ganz deutlich, daß die weiter nach dem Neckar ziehende Höhenlinie nur bis ohngefähr zur Hälfte der ganzen Länge mit gemauerten Distanz-Positionen (wie sie Knapp beschrieben hat) versehen ist. Die provisorisch nur mit Wall und Graben nach dem Neckar hin angelegte Verlängerung wurde verlassen und das seitdem gewonnene östliche Terrain durch eine im jetzigen Baulande angelegte, mit gemäuerten Distanzpositionen versehene Linie eingeschlossen und für die Dauer gegen Ueberfälle gesichert.

wodurch das in den Rücken genommene Gebiet II. von selbst der römischen Herrschaft anheimfiel, sammt diesem gleichfalls mittlerweile bewehrten (d. i. mit festen Positionen versehenen) zur Rückendeckung und als Beherrschungsterrain aller dieser Eroberungen am Main und im Odenwalde.

So weit es zum Verständniß der Nothwendigkeit einer Castellanlage auf dem Punkte Darmstadt erforderlich erscheint, lassen wir zu dieser Uebersicht verschiedene, sie näher erklärende Einzelnheiten hier folgen.

Unter Drusus wurde links und rechts des Mains Terrain gewonnen, dessen Grenze eine noch theilweise erhaltene römische Landwehr bezeichnet, welche durch die Wetterau über Rückingen nach dem Main (bei Groß- und Kleinkrotzenburg) und von da durch den Rodgau und das Ried nach dem Rhein zog. Zur Zeit dieser Anlage befanden sich die Oertlichkeiten von Darmstadt, Dieburg, Seligenstadt außerhalb dieses Terrains, mithin auch das Gebiet I. zum größten und das Gebiet II. zum ganzen Theile. Später, im ersten Jahrhundert unter Kaiser Trajan, wurde mit Ueberschreitung dieser Wehrlinie und Zurücklassung des von ihr eingeschlossenen Gebietes, mainaufwärts eine Linie von Stockstadt am Main nach Neustadt im Odenwalde und südlich auf der odenwälder Höhe zwischen der Gersprenz und Mimling gezogen, und bei dieser Ausdehnung das ganze Gebiet I. in Besitz und Bewehrung genommen. Es entstanden da seitdem zur Flankendeckung dieser Progressivoperation die zahlreichen Positionen am Neckar bis nach Zwingenberg hin, die Clausuren bei den Thaleingängen der Bergstraße, also ein durch Natur und Kunst vollständig gesicherter Bezirk zur Seite des mainjenseits liegenden stark bewehrten Taunus und mit diesem, im Vordergrunde, des dritten Stützpunktes, der Festung Mogontiacum. Daß in Folge dieser Maasregel das Gebiet II. in die Hände der Römer kam, muß man aus dem Zuge der oben angeführten gersprenz-mimlinger Linie, hinter welcher es liegt, annehmen. Wir bemerken zum näheren Verständnisse, daß eine im Odenwalde befindliche, weiter vorgeschobene Linie (beschrieben von Staatsrath Dr. Knapp), wie man bisher angenommen, späterer Zeit angehört. Was Trajan mainaufwärts weiter ausgeführt, ist nicht Gegenstand dieser Untersuchung. Die Befestigung des Bezirks I. gehört mit Gewißheit seiner Zeit an. Hier am alten Neckar fand man bisher oft sehr viele Münzen dieses Kaisers, und die Lage einer nach seinem Namen benannten Festung, des Munimentum Trajani (Ammian Marcellin) ist nach Dr. E. Scriba's entscheidender Kritik mit Gewißheit in diesem Bezirke zu suchen. Um aber nach Vorausschickung dieser Beobachtungen auf die Oertlichkeit Darmstadt zu kommen, so erscheint diese für die Flankendeckung, wozu das Gebiet I. bestimmt war, im engeren Netze der damaligen Positionen bei deren Entstehen nach Straßen, Bächen, Thal-Ausgängen und Neckar, als rechter Mittelpunkt und Beherrschungsort nach allen Seiten dieses Gebietes hin. Haben wir diese Oertlichkeit bei der ersten nach der Beschreibung aus der Periode späterer ruhiger Zeit im größeren Wehrennetze als dahin gehörig anerkennen müssen, wie vielmehr jetzt in ihrer engeren Beziehung zu den nächstgelegenen befestigten Stellen eines so kunstmäßig benutzten Landbezirks, und muß deßhalb bei der bereits bewiesenen Nothwendigkeit der Annahme einer befestigten Position dahier, wo Darmstadt liegt, nicht die hohe Wahrscheinlichkeit zur Geltung kommen, daß, was frühere Autoren dunkel ahndeten oder ihnen vielleicht als Sage zu Ohren kam, hier die Stelle des Munimentum Trajani sei?

Wenn wir nächst dieser der ersten Occupationszeit gewidmeten, unter Voranschickung einer der mittleren Zeit angehörigen und zum Eingang dieser ganzen Beschreibung gewählten Betrachtung nun noch einen Blick auf die Zeit des vierten Jahrhunderts, des letzten der römischen Machtinhabung diesseits Rhein richten, und aus den Begebenheiten dieser Zeit noch mehreres hierher Gehörige anführen, so wird wohl auch von dem Endpunkte einer dreihundertjährigen Periode aus auf das Ganze ein besonderes Licht fallen und somit der erste Theil dieser Abhandlung nach seinen inneren aus Strategie und Geschichte geschöpften Gründen, so viel hiervon nöthig war, vollendet sein.

Als Kaiser Julian zur Herstellung verlorner Herrschaft diesseits Rhein und Main Streitkräfte gesammelt hatte (356 n. Chr.), war es das Gebiet I. wieder, von da aus zu operiren. Die Aufbauung und Reparatur des inzwischen verfallenen Munimentum Trajani, als einer von Julian für wichtig gehaltenen mit Bestimmtheit im Gebiet I. gelegenen Position, beweist, daß man damals gerade es zu diesem Zwecke für das sicherste hielt, oder umgekehrt, die Lage des Gebiets I. führte zur Nothwendigkeit, die stärkste Position desselben (dieses Munimentum also) herzustellen. Die Wirkung dieser Maßregel, wonach der damals in diesem Bezirke bis an das rechte Neckarufer herrschende allemannische Fürst Suomar unterjocht und in Tributpflicht genommen wurde, war, daß jetzt von hier aus der andere im Gebiet II. und weiter hinauf regierende allemannische Fürst Hortar, welcher Anfangs auf seinem Terrain Widerstand leistete, ebenfalls besiegt werden konnte. Wir führen diese Thatsache an, um zu zeigen, wie der Bezirk I. und die Lage seines Hauptcastells, des Munimentum Trajani, jene genannten strategischen Vorzüge vor dem Bezirke II. hatte, ferner, wie beide Bezirke, damals noch durch den Neckar von einander geschieden, nicht erst seit der Zeit des Besitzes beider Fürsten, sondern nach früheren strategischen Zuständen und Einrichtungen vom ersten Jahrhundert her schon nach Maasgabe nöthig scheinender Operationen als getrennte, sonst aber, so lange die römische Herrschaft hier fest stand, als politisch vereinigte betrachtet wurden.

Unter Kaiser Valentinian, welcher, kräftiger als Julian, die im Widerstand gegen römische Macht diesseits Rhein beharrenden Allemannen zu unterjochen suchte, waren es unter andern Ländern auch jetzt beide Bezirke I. und II. zusammen, deren militärische Behauptung nach einem von dem alten Plane ganz verschiedenen ins Auge gefaßt wurde. Der Kaiser ließ den Neckar nach Neckarau ableiten, wodurch die frühere

Trennung des Landes links und rechts des Neckars aufhörte, und das von der Bergstraße, dem Main und jetzt unmittelbar von dem durch Valentinian an manchen Stellen durch Correctionen verkürzten Rhein begrenzte, mit vielen festen Plätzen mehr als jemals vorher versehene, jetzt zu einem Ganzen umgestaltete Gebiet auch nach Süden hin mittelst einer kürzeren Linie des neuen Neckarlaufes geschützt, gleichsam als ein großes Quadrat nach allen Seiten hin sicher war.*) Bei dieser großartigen (wiewohl letzten) Kraftanstrengung durfte die Position bei Darmstadt nicht fehlen und wenn dieses seit dieser Zeit erst jetzt geschehen wäre.

Was wir nach diesen aus Geschichte, Strategie und Terrainlage resultirenden, meist inneren wissenschaftlichen Gründen zur Gewinnung einer römischen Position bei Darmstadt bisher angeführt haben, bestätigen folgende verschiedene locale Entdeckungen und Wahrnehmungen und zwar 1) der im 11. Jahrhundert urkundlich (Scriba's Regesten) vorkommende Name „Darmundestat“, 2) die Bauart, Richtung und Lage mehrer altstädter Straßen der jetzigen Stadt Darmstadt, 3) die Localität auf dem Geißberge und dem übrigen Plateau der Höhe, wo das Castrum lag; ferner die am weißen Thurm entdeckten römischen Mauerüberreste.

Zu 1. Das althochdeutsche Wort Stal, nicht Statt, (diu Stal) bedeutet eine Stätte, auf welcher sich Wohnungen und Hofraithen (viele oder wenige) befanden, also eine größere

*) Man hat bisher nach Amm. Marzellin als Grund dieser veränderten Stromrichtung die Nothwendigkeit einer durch sie zu erlangenden Schonung der wegen des alten Neckarlaufes gefährdeten Festung Lupodunum (Ladenburg) annehmen zu müssen geglaubt. Wir sind dieser Ansicht nicht, und werden Das, was oben blos angedeutet wurde, in der Schrift „System der römischen Wehren in Anwendung auf die Gebiete der Donau und des Rheins“ aus Amm. Marzellin und dem Lobredner Symmachus, sowie nach den Regeln der römischen Strategie zu erklären suchen.

oder auch kleinere Ortschaft. *) Die mit diesem Worte stets verbundenen Wörter beziehen sich nach ihrer sehr verschiedenen Bedeutung auf Besitzrecht, Lage, Bodenbeschaffenheit, Alter und Entstehung. Man kann annehmen, daß diese mit „Stat“ endigenden urkundlich bis in das achte Jahrhundert reichenden Ortschaftsnamen ihrem größten Theile nach den ehemaligen römischen Ländern Deutschlands angehörten. Der Grund dieser Annahme liegt in der von allen Seiten her zusammentreffenden Beobachtung, daß diese so benannten Ortschaften 1) oft auf bekannten Stellen ehemaliger römischer Niederlassungen vorkommen **) und, wenn die Stellen als römische noch nicht ermittelt sind, 2) durch den Inhalt und die Bedeutung ihres Namens auf römischen Ursprung hinweisen, ***) oder wenn Beides (bekannte Römerstätte, Hindeutung durch den Inhalt des Namenszusatzes) nicht der Fall ist, 3) wegen des hohen Alters und des dem Appellativum „Stat“ beigefügten Personennamens römischen Ursprung verrathen. Wir bleiben für unsern Zweck der Untersuchung bei letzterem Falle stehen.

Der dem Appell. „Stat“ beigefügte Name einer Person zeigt auf den Besitz derselben, womit es sich also verhält. In dem von Allemannen und Franken eroberten Römerlande entstanden aus den römischen Possessiones (Staatsgüter auf beschränkten Besitz verliehen) ferner aus den Soldgüthern der Soldaten und Veteranen, wie auch aus den Güthern der

---

*) Aus Stat entstand die Schreibung Stadt. Die neue Bedeutung dieses Worts mit der veränderten Schreibung ist von der oben erklärten alten ganz verschieden, indem man nach ihr hierunter nur einen durch Privilegien, Lage, Concurrenz 2c. bevorzugten Ort versteht. Dagegen erscheinen gewöhnliche, niemals privilegirte oder bevorzugte alte Orte, deren Namen ehemals mit Stat endigten, blos wegen der veränderten Schreibung jetzt in dieser neuen Form bezeichnet, z. B. Pfungstadt, Eberstadt, Weiterstadt, Ober- und Niederramstadt 2c.

**) z. B. Selgenstat (i. Seligenstadt).

***) Altenstat, Hainstat, die Heiden- (Römer-) stätte.

städtischen Decurionen, die Beneficia der Eroberer, d. i. die auf zu leistenden Kriegs-, Hof- und Comitialdienst verliehenen kleineren oder größeren Güthercomplexe, Höfe und Dörfer. Sie werden zu dieser Zeit zuweilen ebenfalls Possessiones genannt, kamen, zahlreich wie bei den Römern, eben so zahlreich zu gleichem Zweck wie bei diesen, in die Hände der Eroberer, sofort nach Ausbildung des auf dieses Dienstbeneficialsystems basirten mittelalterlichen Lehenssystems in die Hände der, wie bei den Allemannen und Franken, ebenso zahlreichen Possessions- und Beneficien-Inhaber, als jetzt vielleicht noch zahlreicheren deutschen Lehensadels. Bei dem Anblicke der dem Worte Stat beigefügten fränkischen Namen, wie sie nach dem Codex Laureshamensis in hiesiger an Erinnerungen aus fränkischer Zeit so reichen Gegend häufig vorkommen,*) liegt uns dieser bekannte geschichtliche Zusammenhang im Allgemeinen auch hier vor und muß uns bei dem Namen Darmundestat (so urkundlich mit Hinweglassung des s im Gen., richtiger also Darmundesstat, die Stat des Darmund, zu der Stat des Darmund) dahin zu Statten kommen, indem hiernach anzunehmen ist, daß der Franke Darmund Beneficialbesitzer dieser ehemaligen (vielleicht inzwischen zerstörten nun aber wieder aufgebauten) römischen Ortschaft (deren damaliger Name inzwischen erloschen ist) war, und daher der gedachte neue deutsche Ortsname in der Paraphrase „Ortschaft (Stat), ein fränkisches Beneficium im Besitze des Darmund“ erklärt erscheint,**) wozu wir in der Nähe von mehreren Ortschaften, in welchen bis jetzt noch keine Römerspuren vorgekommen, die aber aus oben angeführtem Grunde ihrem Ursprunge nach

*) Die Namen Frankenstein, Frankenhausen, der Gebrauch des fränkischen Rechts bei dem Centgericht Oberramstadt.

**) Der Name Darmund wurde von Einigen aus Trajani munimentum auf folgende Art herausgefunden: Tramunt, sodann durch Metathesis: Tarmunt — Darmund. Wir wollen uns bei dieser Namensschöpfung nicht aufhalten: die Analogie Autmund spricht schon allein gegen sie.

für römische Orte zu halten sind, folgende Analogien haben, als: Autmundestat, j. Umstadt, Ramstat, j. Ober(Nieder)ramstadt, Heberstat, j. Eberstadt, Witerestat, j. Weiterstadt, Langstat, j. Langstadt, Kletstat, j. Kleestadt, nach den bekannten zum Theil contrahirten Namen Autmund, Ramo, Heribert, Witerad, oder Wederad, Langoz, Clette.

Zu 2. Die römischen Dörfer wurden meist so angelegt, daß zwischen zwei langen Häuserreihen und hinter ihnen befindlichen Scheunen und Ställen eine einzige Hauptgasse zog, welche in der Mitte von einer oder zwei kürzeren durchschnitten wurde. Um diese langausgedehnten Ortschaften zog man Wälle (im Mittelalter Häge genannt) und schloß beide Enden der langen Gasse mit Pforten, während die kurzen Quergassen keine Oeffnungen nach Außen erhielten. Lag, wie gewöhnlich, ein Dorf an einer Haupt- oder Vicinalstraße, so ging deren Zug mitten hindurch auf der langen Gasse. Wir reden hier blos von Dörfern; bei den Castellen und Städten wurde mit Bezug auf Fortification und Bevölkerung mehr nach allen Seiten ausgedehnt gebaut und die lange Linie vermieden, jedoch hierbei darauf gesehen, den Straßenzug durch ihre Mitte zu führen, wobei jedoch Ausnahmen besonders da vorkommen, wo Dörfer und Städte neben Castellen zum Theil mit ihnen durch Mauern verbunden, lagen, und der Straßenzug entweder durch das Castell ohne Berührung des Dorfes und der Stadt, oder umgekehrt, durch letztere ohne Berührung des Castells ging; jedoch gibt es auch Fälle, in welchen Castell und Dorf zusammen ihren Straßenzug mitten hindurch hatten. *)

*) z. B. Seligenstadt. Das Castrum lag östlich, der damit verbundene Vicus (späterhin Mühlheim) westlich; durch beide zog die Hauptstraße der Länge nach. (Ueber dieses Castrum liegt eine besondere Abhandlung zum Druck bereit.) Ferner Dieburg. Das Castrum war von drei Seiten mit Dörfern verbunden, und es lagen nach Osten: Altenstatt, nach Westen: Holzhausen, nach Norden: Mönfeld. Die Hauptstraße zog durch Altenstatt, das Castrum (Dieburg) und

Nach dem beschriebenen Plane römischer Dorfanlage gibt es noch jetzt viele gerade so situirte meist ehemalige römische Dörfer, sei es, daß sie ohne inzwischen erfolgte gänzliche Zerstörung sich fort und fort im Stande erhalten haben, oder wenn auch zerstört, ihrem Grundplan nach wieder aufgebaut wurden. Beispielsweise führen wir folgende Orte an: Eberstadt und Arheilgen, durch deren lange Gassen die Hauptstraße (wie noch jetzt die Chaussee) zog, Altheim auf der dieburger Straße, Kleinkrotzenburg auf dem alten Vicinalweg von Seligenstadt, mit einer kurzen Quergasse, einem Haag um das lange Dorf und einer noch erhaltenen Pforte, Hainstadt auf der alten Römerstraße (später Geleitsstraße) am Main.

An manchen Orten läßt sich diese alte Situation, wiewohl mannichfach verbaut und fast unkenntlich geworden, mit dem Blicke der Erfahrung noch ermitteln, so bei Seligenstadt, wo die jetzige mühlheimer verbunden mit der steinheimer Gasse, zwischen welchen ein später hineingebauter wirrer Häusercomplex liegt, die einzige alte Gasse des langgebauten auf der Westseite des Castrum Selgium einst gelegenen und damit verbundenen römischen Dorfes war. Ebenso bei Darmstadt. Hier ist es die sogenannte „lange Gasse", welche, weil sie nach der ursprünglichen Richtung der ehemaligen römischen Hauptstraße (Bergstraße) in einer bedeutenden Länge zieht (daher mit Recht lange Gasse genannt) ihrem Entstehen nach in eine Zeit gehört, wo man nach der oben angeführten Regel Dörfer anlegte. Haben wir die Nothwendigkeit des Bestehens einer römischen Niederlassung beim Punkte Darmstadt bereits dargethan, so folgt mit Hinblick auf diese ihre (der langen Gasse) Richtung und Lage nach dem Zuge der Römerstraße, hieraus der verstärkte Beweis, daß es die Römerzeit war, in welcher die einzige lange von der Hauptstraße durchzogene Gasse des

---

Holzhausen in der Richtung nach Eberstadt. In der Mitte des Castrums ging seitwärts (nordwestlich) durch Mönfeld eine Hauptstraße über Münster, Dreieichenhain nach dem Main.

römischen Dorfes (nach weiter unten angeführten Modificationen) gerade da müsse gelegen haben, wo man jetzt die lange Gasse der Altstadt findet.

Durch diese Wahrnehmung haben wir nun einen festen Standpunkt gewonnen, hiernach sowohl die Länge und Breite des zu beiden Seiten der Straße gelegenen römischen Dorfes zu ermessen, als auch die Lage des sich ohne Zweifel daran schließenden Castrum (Munimentum Trajani?) zu bestimmen, sofort, auf beide gestützt, demnächst in des Verfassers Geschichte Georgs I. über die mittelalterliche Gestaltung der Altstadt bis zur Zeit dieses Landgrafen Aufschlüsse mitzutheilen.

Die jetzige von Nro. 90 bis Nro. 133 aus 43 Wohngebäuden bestehende lange Gasse hat ihre zwei Endpunkte: 1) nach der Obergasse und dem ehemaligen Mockenthore hin: am großen Röhrbrunnen, 2) nach dem bessunger Thore hin, dem Abhange des Hügels hinunter und der Niederung des Soder- (Darm) baches zu: in der kleinen Bachgasse. Zwischen diesen zwei Punkten von Niederung zur Höhe lag das römische Dorf, dessen Ausdehnung der Länge nach für seine einzige lange Gasse dadurch um so mehr ermittelt erscheint, als man auch hier die Regel, römische Straßen möglichst nach und auf Höhen zu führen *) in Anwendung gebracht, somit aus Veranlassung dieses Straßenzugs das römische Dorf gerade so situirt sieht, wie sich nach der Lage der langen Gasse auf der sanft ansteigenden Höhe das Terrain vor Augen stellt.

Die Seitenausdehnung des römischen Dorfes kann dagegen in Ermangelung topischer, blos bei dessen Längebestimmung gefundener Anhaltspunkte, nur in Anwendung der Regel römischer Dörferanlage bestimmt werden. Hiernach ist sie

*) Die Straßenführung auf Höhen geschah zu doppeltem Zwecke, 1) für freie Aussicht, 2) zur Sicherheit der Fahrbarkeit bei Regen und Schnee, weil sich hier die Gewässer weniger sammeln können und der Schnee wegen Abwehens durch Wind nicht so tief lagert, als in Thälern und auf Flächen.

nicht größer gewesen, als Raum für zwei Häuserreihen mit den hinter ihnen befindlichen Scheunen rc. und für eine zum Fuhrwerk, Transport des Kriegsgeräthes, Truppenmarsch geeignete 16—20 Fuß breite Straße nöthig war. Zu diesem Bedürfnisse erscheint die jetzige lange Gasse viel zu eng; sie kann daher in dieser Beschaffenheit damals nicht bestanden haben und es muß nach ihren beiden Seiten hin eine große Veränderung vorgegangen sein, wie sie uns der Augenschein auch wirklich zeigt. Es ziehen nämlich gegenwärtig in derselben Richtung der langen Gasse noch drei andere ihr zu beiden Seiten, und zwar auf der einen: die Ochsengasse, auf der andern: die Viehhofs- und die Hinkelgasse. Diese Veränderung geschah, nachdem die alte Römergasse gänzlich beseitigt gewesen, sei es durch feindliche Zerstörung oder in Folge planmäßiger Abtragung behufs neuer Anlagen, bei welcher Veränderung die alte Straßenrichtung von Niederung zur Höhe (wie dies auch anderwärts oft vorkommt) beibehalten und mit einer Veränderung ihres Zugs in die seitwärts der langen Gasse befindliche äußerste Gasse (Ochsengasse) gelegt wurde. Daß die alte Römerstraße ursprünglich hierherzog, glauben wir nicht, weil die Ochsengasse zu viel seitwärts liegt, und ihr Gebrauch zur Durchfuhr mit späteren erweiterten Anlagen zusammenhängt und durch sie nothwendig geworden war, namentlich rücksichtlich der in diese Erweiterung gezogenen Bachgasse längs des Soderbachs, deren Bewohner die Vortheile des Verkehrs auf der Hauptstraße genießen sollten. Die lange Römergasse muß daher mehr in der Mitte jener genannten vier Gassen nach der für Straßen stets gesuchten und hier nur befindlichen Steigung des Terrains gelegen haben. Ihr Name „lange Gasse" erinnert uns an die alte Beschaffenheit dieser Oertlichkeit und dürfte als Appellativum (wie Dieburg, Altenstatt) von daher datiren; ihre jetzige Breite ist nur ein Theil der alten römischen Haupt- und zugleich Dorfstraße.

Zu 3. Die Castelle des römischen Binnenlandes wurden in der Regel an Straßen und wo möglich zugleich auch auf

Höhen gebaut. Danach ist die Lage des hiesigen Castrums zu suchen, und wir finden sie auf einer nach beiden Situationsrücksichten zusammt geeigneten Localität. Es ist die Höhe, wohin der beschriebene Straßenzug ging, — die Gegend der jetzigen Obergasse, ein Plateau, nach welchem von der Niederung des diese Höhe vormals theilweise umschlängelnden Soderbachs in einem Halbkreise folgende Gassen der Altstadt strahlenförmig ziehen: die Hinkelgasse, die Viehhofsgasse, lange Gasse, große Ochsengasse, Schloßgasse. Wir führen dieses an, weil eine solche Direction nach der Höhe hin ihren Grund in dem Vorhandensein älterer Gebäude an der Straße haben mußte; wir sagen — ältere Gebäude, unter welchen der römische Vicus und das Castrum oder auch ihre Ruinen, oder die Stätte, wo sie gestanden haben, zu verstehen wären. Diese Kritik dürfte nicht ungünstig aufgenommen werden, wenn wir bemerken, daß unter jenen fünf Gassen die lange Gasse mit angeführt ist, deren Geschichte wir bereits kennen.

Für die Beschreibung der topographischen Gestaltung Darmstadts ist das bisher Gesagte von Wichtigkeit und als Anhaltspunkt in der Geschichte Georg's I. benutzt, worin dieser Gegenstand auf Grundlage gegenwärtiger Darstellung weiter ausgeführt wird. Hierzu noch folgende Bemerkungen.

Das Castrum war ohne Zweifel mit dem römischen Vicus verbunden und wie dieses von einer Hauptstraße durchzogen (s. oben). Von seiner Größe kann man nichts Bestimmtes sagen. Im Jahr 1810 fand man nach einer Mittheilung des Geh. Oberbauraths Dr. Lerch an Verfasser, bei Bloslegung der Fundamente des weißen Thurms Substructionen römischer Mauern. Kann man hiernach annehmen, daß dieses Castrum vom Berge herab über den Soderbach nach dieser Gegend des genannten Thurms mit einer langen nach Nordwest gerichteten Fronte seine Ausdehnung gehabt habe? Diese Frage dürfte bejahend beantwortet werden, wenn man von der Voraussetzung, wonach hier eine starke Position befindlich gewesen sein müsse (s. oben), ausgeht und dabei an Beispiele erinnert, nach welchen z. B. zu Xanten und Birten am Unterrhein, zu Jens im Kanton Bern, Windisch im Kanton Aargau, Anhöhen und dabei liegende Abhänge und Flächen mit großen Castellen bedeckt waren.

Die Existenz einer vom Plateau der Höhe bis zum weißen Thurm reichenden Fortification kann insbesondere nach der noch jetzt sichtbaren Situation der in den Jahren 1330 und 1331 neuerbauten Stadtmauer, sowie des auf der Stelle, wo jetzt Landgraf Georg's I. Schloß liegt, vorher zwischen 1360—1370 erbauten katzenelenbogischen Schlosses (wovon noch mehrere umgebaute Theile übrig sind) und eines, vor Erbauung desselben, schon im Jahre 1356 daselbst bestandenen älteren Schlosses (Baur Archiv f. h. Gesch., Urkundenbuch IV. S. 25 Urk. 623), sowie aus der Lage des weißen Thurms und des im Jahr 1565 abgebrochenen alten Schloßthurms aus folgendem Grunde erklärt werden.

Zur Zeit der Erbauung der Stadtmauer lag der größte Theil des bisherigen mittelalterlichen Dorfes auf dem Berge und dessen Abhange bis zum nördlichen Ufer des Soderbachs hin und ein kleiner südlich desselben. Um jenen nördlichen Stadttheil wurde die Mauer nahe bei den hinteren Gassen von Ufer zu Ufer dieses Baches in einem fast ovalen Halbkreise gezogen und damit in dieser Form südlich des Baches bis zum weißen Thurm fortgefahren. Hiernach gehörte beinahe die Hälfte dieses großen mauerumschlossenen Stadtraumes dem, nördlich und südlich des Baches, liegenden und verbauten Stadttheile (früheren Dorfe) und die andere Hälfte einem leeren Platze an, dessen auffallende Größe nicht auf Grund eines gefaßten Planes zu freier Ausführung großartiger Schloßbauten und Häuseranlagen (welch' Letzteres erst viel später und nur successiv geschah) erklärt werden kann, sondern blos auf Grund einer besonderen Rücksichtnahme, nach welcher die Stelle, wo ehemals das römische Castrum, und um die Zeit des Baues der Stadtmauer (1330 und 1331) das zwar im Jahr 1356 urkundlich vorkommende (Baur u. a. O.), ohne Zweifel aber um 1330 bestandene Schloß lag, in den Bereich des Umschlusses gezogen werden sollte. Dies wäre freilich blos die nächste Veranlassung zu solch' weit ausgedehmtem Umfange gewesen, aber wenn wir das in dem Intervall beider Stadtmauerenden liegende Schloß neben dem auf römische Substructionen erbauten weißen Thurme (der bekanntlich erst seit dem Jahre 1704 seine jetzige Gestalt erhalten hatte) situirt finden und nach dem durch hundertfältige Localitätsbeweise sich herausgestellten Gebrauche alter Zeit „vorhandene Römerstätten für Neubauten zu benutzen" schließen dürfen, daß dieses bei den sonst noch hier zusammentreffenden oben auseinandergesetzten Vorkommnissen gerade auf dieser Stelle in Anwendung gebracht worden sei, so ist die entfernter liegende Veranlassung zu Ausführung jener Anlage als das eigentliche Ziel dieser Untersuchung dem Auge näher gerückt und der Beweis für unsere Ansicht geliefert, daß von der Anhöhe herab bis zum weißen Thurm eine große römische Fortification gestanden haben müsse, wozu wir als bemerkenswerth anführen, daß der weiße Thurm mit dem im Jahr 1565 abgetragenen alten Schloßthurm und dem Anfange des Abhanges am Soderbach bis hinauf auf das Plateau eine Linie bildet, auf welcher diese Fortification mit der Fronte nach Nordwest lag, weßhalb auch dieser Schloßthurm, in welchem man Trajansmünzen fand, immer für einen römischen gehalten wurde.

Von der auf der Anhöhe befindlich gewesenen Fortification ist keine, direct auf Römerzeit deutende, Spur vorhanden. Ein Theil dieser Anhöhe am Abhange heißt im Munde des Volks „Geißberg", eine Benennung, die auf den altdeutschen Mannesnamen Giso Bezug zu haben scheint *), nach welchem, als dem ersten Gründer oder Besitzer, diese Oerlichkeit benannt worden

*) Nach dem Namen Giso (später durch die Epenthese Geiso) benannte Ortschaften und Höfe kommen z. B. folgende vor: Geisberg zwei Höfe, Geisenbach ein Dorf, Gelswiese ein Forsthaus im Erbachischen, Geisenberg in Oberhessen.

wäre. In diesem Falle wäre Gisoberg (Geißberg) eine besondere Ortschaft neben Darmundestat gewesen und hier der nämliche Fall, wie zu Seligenstadt, Dieburg u. a. O. vorhanden, mehrere Orte nebeneinander, dazu auch ein Schloß, auf einer Römerstätte erbaut zu sehen.

Wie es zuweilen an manchen Orten vorkommt, daß man Bauüberreste einer dem Volke völlig unbekannten Zeit und Bestimmung geradezu für Ueberreste alter Klöster hält (siehe Steiner, Gesch. d. Rodgaues S. 106, wo ein Beispiel bei einer Römerstätte angeführt ist), so auch höchstwahrscheinlich zu Darmstadt rücksichtlich der auf dem Geißberge befindlichen alten unterirdischen Gänge in den Häusern Lit. A Nr. 132. 135 im Vereine mit gedachtem eine solche Meinung bestärkenden Namen jener Stadtgegend, welchen der erfinderische irrige Glauben einer früheren Zeit in den Namen „h. Geistberg" verwandelte, sofort ihn von einem Kloster, oder einem andern, christlicher Gottesverehrung gewidmeten Gebäude, ableitete. Da wohl selten ein Kloster oder ein anderes kirchliches Gebäude vorkommt, von welchen man bei der Vorsicht ihrer Bewohner oder Besitzer keine direct auf sie sich beziehenden Urkunden, oder aus Nachrichten anderer Klöster (Chroniken, Statistiken, Diarien) geschöpfte zuverlässige Notizen besitzt, von beiderlei Quellen aber nirgends eine Kunde über ein Kloster, eine Kirche, ein Spital zum h. Geist dahier bis jetzt bekannt geworden ist, so liegt neben diesem Quellenmangel die Erfindung „h. Geistberg" aus Geißberg mit so großer Wahrscheinlichkeit vor Augen, daß selbst ältere schriftliche Nachrichten, welche diesen Namen mittheilen, nur als Belege für die Erfindung gelten können.

Dr. Steiner.

II.

So weit der Jubilar. Von anderer Hand verfaßt, folgt nachstehend seine, meist auf literarisches Wirken sich beziehende kurze Biographie,*) wozu die aus drei Abschnitten bestehende Notizensammlung benutzt wurde, welche er für eine bereits theilweise ausgearbeitete ausführliche, blos in seiner Familie als Manuscript aufzubewahrende Autobiographie angelegt hat.**) Wir halten uns in nachfolgender Skizze im Allgemeinen an dieselbe Abtheilung jener Notizen und den Gang der Erzählung des Verfassers.

A.

Johann Wilhelm Christian Steiner wurde am 15. Februar 1785 zu Roßdorf bei Darmstadt geboren. Seine damals daselbst wohnenden Eltern waren der Landgräfl. Hess. Darmstädtische Steuerperäquator Ludwig Jakob Steiner und dessen Gattin Philippine, Tochter des Landgräfl. Hess. Darmstädtischen Zeugmeisters Ernst Lichthammer zu Kranichstein bei Darmstadt. Den ersten Unterricht erhielt St. bei Präceptor Heberer zu Roßdorf, nachher ein Jahr lang bei Pfarrer Heumann zu Reinheim, in dessen Hause er verpflegt wurde. Von da kam er, 10 Jahre alt, unter der ihm unvergeßlichen liebevollen und treuen Aufsicht seines Oheims mütterlicher Seits, des

*) Eine kürzere, welche bis zum Jahre 1843 reicht, befindet sich in Dr. E. Scriba's Lexikon der Schriftsteller des Großherzogthums Hessen, I. Abth. S. 396 f., II. Abth. S. 705 f.

**) Sie enthält mitunter Charakteristiken und Züge aus dem Leben bemerkenswerther Personen verschiedener Stände, mit welchen er näher bekannt geworden.

Stadtpfarrers, nachherigen Inspectors Lichthammer,*) so wie seines Pathen, des Polizeiraths Klunk zu Darmstadt in die Schule des Candidaten Vogel daselbst (starb i. J. 1839 als Pfarrer und Inspector zu Dudenhofen bei Seligenstadt). Zur Zeit als St's. Eltern ihren Wohnsitz nach Darmstadt verlegt hatten, trat er, 11 Jahre alt, als Alumnus der vierten Classe in das Gymnasium daselbst ein, welches er bis Selecta aufsteigend, acht Jahre lang besucht hatte. Seine Lehrer waren hier: Portmann, Stork, Schüler, Weber, Beauclair, Wagner, Satorius, G. Zimmermann und Wenk. Den Confirmationsunterricht erhielt er bei dem durch seine Schulstiftung zu Darmstadt hochverdienten und in gesegnetem Andenken stehenden ersten evangelischen Stadtpfarrer Kyritz, dessen Lehren, Warnungen und Bitten, nach den Begriffen und Gefühlen der Jugend auf seine des Lehrers eigenthümlich prophetische Unterrichtsweise für das ihrer wartende wechselvolle Leben so rührend und wahr dargestellt, auf St's. Jugendherz einen tiefen, für alle Zeit wohlthätigen und in allen späteren Verhältnissen seines Lebens einen ihn stets stärkenden Eindruck gemacht haben.

Vom Herbste 1804 bis dahin 1807 studirte St. zu Gießen die Rechtswissenschaft und hörte daselbst die Vorlesungen der Professoren Jaup (Vater), Büchner (in dessen Hause er eine freundliche Aufnahme fand), Snell, Koch, Musaeus, Crome, v. Grolmann, v. Arens. Im Sommersemester 1807 frequentirte

---

*) Sein anderer Oheim mütterlicher Seits war der damals zu Kranichstein wohnende Zeugmeister Lichthammer, später Director des Oberforstcollegs zu Darmstadt. Die Erinnerungen an das von ihm oft besuchte stille und anmuthige Kranichstein, den Geburtsort seiner Mutter, welche aus den Zeiten des im dortigen Jagdschlosse residirenden Landgrafen Ludwig VIII. so viel Interessantes zu erzählen wußte, und an die Angehörigen seines genannten Oheims gehören nach St's. Aufzeichnungen zu den schönsten seines Jugendlebens, während er bereits in die oberste Classe des Gymnasiums vorgerückt war.

er mit den Studiosen Hallwachs, v. Günterod und Miltenberg mit großem Nutzen ein Examinatorium über die Pandekten bei dem Privatdocenten Dr. Jaup, nachherigen Großh. Hess. Staatsminister, jetzigen Oberconsistorial-Präsidenten und wirklichen Geheimenrathe (Jubilarius seit 1855) zu Darmstadt, sodann ein Privatcolleg für schriftliche Arbeiten in den Fächern streitiger und freiwilliger Gerichtsbarkeit bei Dr. v. Arens; später Ober-Appell.-Präsident und Jubilarius seit 1855. Alle diese mit der fleißigen Hand des Letzteren schriftlich corrigirten und oft ausführlich notaminirten Arbeiten hat St. in seinen Papieren mit dankbarem Andenken an ihn sorgfältig aufbewahrt. Unter denselben befinden sich als Beweis seines Strebens, vorzüglich mit Principien und Systemen vertraut zu werden, viele mit emsigem Nachdenken ausgearbeitete Uebersichten und Versuche über bessere Definitionen, wozu ihm die neueren Ansichten und geläuterten Lehrsätze v. Grolmann's, Jaup's und v. Arens' Anregung gaben.

Nach dem im Herbste 1807 bestandenen Facultäts- und darauf im Frühjahre 1808 erfolgten Regierungs-Examen wurde St. laut Decret Sr. K. H. Ludewigs I. vom 28. Juli 1808 zum Accessisten bei dem Secretariate des Hofgerichts zu Darmstadt ernannt und ein Jahr nachher unter die Zahl der Advocaten und Procuratoren bei genanntem Gerichtshofe (Decret vom 16. Sept. 1809), sowie später unter die der öffentlichen Notarien des Großherzogthums (Decret vom 24. März 1812) aufgenommen.

Beim Aufrufe der Freiwilligen zum Kampfe für das Vaterland im Jahre 1813 befand er sich unter den hierzu sich Anmeldenden, wurde aber auf den Wunsch des Generallieutenants Frhrn. v. Weyhers, ihn bei der Landwehr als Adjutant verwendet zu sehen, mit der ihm vom Oberkriegscolleg zugesicherten Aussicht auf Anstellung bei der demnächst zu errichtenden Feldlandwehr vorderhand als Adjutant des Landwehr-Inspecteurs zu Seligenstadt (Oberforstmeisters Frhrn. v. Rabenau) angestellt (Decret vom 6. Mai 1814) und ihm dabei gestattet, von hier aus seine Advocaturgeschäfte führen zu dürfen. Nach dem Befehle des Großherzogs sollte die Landwehr auf den möglichst hohen Grad der Ausbildung gebracht werden, und es fehlte damals hierzu weder an Eifer im Volke, noch an Mitteln unter demselben. Die Begeisterung jener Zeit that hierbei Vieles und die Pflicht, dem ernsten Rufe des Regenten zu folgen, welcher sich zum obersten Chef des Instituts erklärt und den Regimentern Fahnen verleihen zu wollen in Aussicht gestellt hatte. St. widmete sich daher anfangs in der obengenannten Diensteigenschaft, später als Chef des 2. Bataillons 12. Regiments (Decret vom 20. März 1816) und seit 1819 als Interims-Commandeur des Schützencorps dieses Regiments (Rescript vom 18. Febr. 1819) unter dem Befehle des Regiments-Chefs Hardy (Justizamtmann zu Seligenstadt, später Regierungsrath zu Darmstadt) dem Waffendienste im Erlernen und Lehren mit großem Eifer und so gutem Erfolge, daß sein Bataillon nach Bewaffnung, Kleidung und Exercitium den besten des Landes beigezählt wurde, ein Vorzug, welchen man auch dem ersten Bataillon dieses Regiments, dessen Chef der Großherzogl. Steuercommissär Becker zu Steinheim war, zuerkannte. Um die Ausbildung der Landwehr, deren dritte Classe bald nach der ersten Organisation entlassen und seitdem nur nach zwei Classen eingeübt wurde, größerer Vollkommenheit zuzuführen, hatte man im Jahre 1818 höchsten Orts den Plan entworfen, nur die erste Classe — Leute vom 17. bis 36. Jahre, nach mancherlei Modificationen ihrer Familienverhältnisse, beizubehalten und größere Bataillonsbezirke zu organisiren, für welchen Fall St. das Commando eines Bataillons der hieraus zu bildenden Mobillandwehr erhalten sollte. Zeitverhältnisse und veränderte Ansichten geboten indessen späterhin nicht allein die Unausführbarkeit dieses neuen Planes, sondern auch die Auflösung des ganzen bisherigen Institutes (im Jahre 1819). *)

*) Aus einem Schreiben des Großh. Generallieutenants und Bevollmächtigten bei der Bundes-Militär-Commission v. Weyhers an

Zur Zeit der Organisation der Landgerichte im Jahr 1821 befand sich St. auf dem Scheidewege der Wahl, entweder die durch Annahme einer ihm in Aussicht gestellten Assessorstelle offenstehende Laufbahn eines Gerichtsbeamten zu betreten, in welchem Falle er allen damals in seinem Plane liegenden Geschichtsarbeiten (wovon im zweiten Abschnitte) hätte entsagen müssen, oder unter fernerer Beibehaltung seiner Advocatur für dieses Vorhaben freie Zeit zu gewinnen. Die Entscheidung fiel um so mehr auf die Wagschale der letzteren Rücksicht,

---

Hofrath Steiner. „d. d. Frankfurt den 16. Novbr. 1833. Unendlich freut mich die Erinnerung, welche E. H. mir noch aus der früheren Institution der Landwehr bewahrt haben und auch ich vergesse nicht, daß Sie damals mit Talent und Eifer in der Reihe der verdienstvollen Staabsoffiziere eingezeichnet waren. Nicht ohne reges Dankgefühl denke ich noch, wie durch die Anstrengung und die Geschicklichkeit so vieler Staatsbeamten damals die schwierige Aufgabe, selbst nach dem Anerkennen im Auslande so glücklich gelöst wurde, und gewiß mit den Modificationen, welche bereits sanktionirt waren, wäre dieser Institution um so mehr Dauer zu wünschen gewesen, als dieselbe in reinem monarchischen Sinne gedacht, ausgeführt und von demselben belebt war. Sie haben die indessen durchlebte Zeit sehr benutzt, um gleiche und noch größere dankbare Auszeichnung bei allen Verehrern der Geschichtswissenschaften, vorzüglich des Vaterlandes sich durch Ihre interessanten Forschungen zu erwerben ꝛc."

Aus einem Rescript Geh. Oberkriegs-Collegs an das General-Commando Starkenburg, d. d. 7. April 1819, „den ausgezeichneten Eifer und die gute Dienstleistung des Bataillonschefs Steiner erkennt man sehr an."

Zeugniß des General-Commandos. Nachdem durch das allerh. Edict vom 20. Nov. d. J. das bisher bestandene Großh. Landwehr-Institut aufgelöst worden, wird dem in der Eigenschaft als Bataillonschef angestellt gewesenen Hofgerichts-Advocaten Herrn Steiner auf Ersuchen das Zeugniß ertheilt, daß er sich unausgesetzt durch guten Willen und durch strenge Erfüllung aller Landwehr-Dienstpflichten vortheilhaft ausgezeichnet hat. Darmstadt, den 29. Dec. 1819. Grh. General-Commando Starkenburg. Frhr. v. Follenius, General-Major.

als ihm von Seiten des Großh. Hess. Staatsministers von Grolmann, seines früheren verehrten Universitätslehrers, rücksichtlich seiner bisherigen literarischen Leistungen Aussichten auf eine diesem inneren Berufswirken geeignete Verwendung eröffnet wurden. *) Was man damals gewünscht, ging, nachdem St. von Sr. K. Hoh. Ludewig I. den Titel Hofrath erhalten hatte, (Decret vom 28. Octbr. 1825) in der Art in erfreuliche Erfüllung, daß er nach dem Tode des Prälaten, Professor und Historiographen Dr. Schmidt zu Gießen, von Sr. K. Hoh. Ludwig II. unter Beibehaltung seiner Advocatur zum Historiographen des Großh. Hauses und Landes (ein Titel, den zum ersten Male der berühmte Hessische Geschichtsschreiber Wenk führte und welcher aus den Zeiten des Landgrafen Ludwigs IX. datirt) ernannt wurde (Decret vom 1. Decbr. 1831), in Folge dessen er, nach der besonderen selbstständigen Kategorie seines Amtes, dem Ministerium der Justiz und des Innern unmittelbar subordinirt und den Directionen des Staatsarchivs, der Hofbibliothek und des Museums coordinirt (Staatshandbuch nach den Ausgaben von 1831 bis 1855) folgende Dienstesberechtigungen erhielt: freien Zutritt zum Staatsarchiv und zur Hofbibliothek, Postfreiheit in landesgeschichtlichen Correspondenzen innerhalb des Großherzogthums, Einreihung in den Rang der zur dritten Classe gehörigen Civilbeamten (Directoren des Staatsarchivs, der

*) Aus einem Schreiben vom 15. Octbr. 1821. Das neue Werk war mir ein höchst erfreulicher Beweis, mit welchem Eifer und Fleiß Sie fortfahren, für die gründliche Bearbeitung der vaterländischen Geschichte zu wirken. — „Ich würde selbst es als einen Gewinn für die Wissenschaft betrachten, wenn Sie dereinst in Dienstverhältnisse kommen könnten, welche Ihnen Muse für Ihr Lieblingsstudium gestatten.“ In einem späteren Schreiben vom 22. Januar 1828 „die geschichtlichen Forschungen E. W. sind von so großem Interesse, daß die gelehrte Welt es sehr zu beklagen haben würde, wenn ein zu occupirtes Staatsamt Sie abhalten müßte, sich denselben ferner zu widmen.“

Hofbibliothek, des Museums, Professoren, Mittelcollegialräthe, Landräthe, Landrichter ꝛc.) des Civil-Wittwen- und Waisenkasse-Instituts (Verordnung vom 9. Decbr. 1832 und Ministerial-Rescript an die Civil-Wittwenkasse-Commission vom 22. Febr. 1832). Im Jahr 1843 legte er seine Advocatur nieder und erhielt die gebetene Entlassung aus dieser Branche des öffentlichen Dienstes (Decret vom 7. April 1843). Die Veranlassung zu diesem Schritte war: Vermehrung seiner historischen Arbeiten nach den im Abschnitte B. beschriebenen und bis jetzt theilweise ganz ausgeführten oder noch auszuführenden Plänen, wobei, da ihm die Advocaturarbeiten die Hälfte seiner Zeit hinwegnahmen, der Dienst des Historiographen seitdem gewann, für den er früherhin nur die andere Hälfte seiner Zeit zu verwenden verpflichtet war.

So steht nunmehr der Jubilar nahebei (28. Juli 1858) am Ziele eines halben Jahrhunderts, während welchem er in den verschiedenen oben angeführten Zweigen des öffentlichen Dienstes dreien Regenten seines hess. Vaterlandes mit treuer Anhänglichkeit eifrigst diente: S. K. H. Ludewig I. von 1808 bis 1830, S. K. H. Ludwig II. von 1830 bis 1849 und seitdem S. K. H. Ludwig III.

B.

Des Jubilars Wirksamkeit als Historiker, welche, wie die seines öffentlichen Dienstes, nach der unten in diesem Abschnitte gegebenen näheren Darlegung bis jetzt eine fünfzigjährige ist, war der Mittelpunkt all' seiner, auch in andern Angelegenheiten (Abschn. C.) bewiesenen immer noch bereitwilligen Thätigkeit. Schon als Primaner unter Wenk verfaßte er mit Vorliebe die den Schülern aufgegebenen historischen Elaborate und hörte dessen anziehenden Geschichtsvorträge mit gespannter Aufmerksamkeit. Unter J. G. Zimmermann, dem Nachfolger Wenk's im Directorium des Gymnasiums, erhielt St. als Selektaner aus den Schätzen der altklassischen und der neuen vaterländischen Literatur jene Weckung zu Uebung jugendlicher Kraft, jene

Eindrücke für das Höhere und Bessere, welche der treffliche Lehrer in liebevoller und ehrfurchtsgebietender Weise dem Herz und Verstande seiner Schüler mit einem so guten Erfolge zuzuführen wußte, daß er damit eine reiche Aussaat der herrlichsten Früchte unter Hunderte seiner zu jeder Zeit ihres späteren Lebens ihm dafür Dankbare ausgestreut hatte. *)

---

*) Der Jubilar hatte in dankbarer Erinnerung an jene schöne Zeit des höheren Unterrichts bei J. demselben, so oft eines seiner Werke erschienen war, Geschenkexemplare derselben überreicht, wodurch zwischen ihm und seinem hochverehrten ehemaligen Lehrer eine Correspondenz angeknüpft wurde, aus deren interessantem Inhalte wir folgende Schreiben mittheilen:

Mein verehrtester Freund. Sie haben mir mit den gehaltvollen Erzeugnissen Ihrer historischen Untersuchungen, womit Sie mich vor einiger Zeit beehrten, ein ungemein großes Vergnügen gemacht. Ich kann mir wohl denken, wie ein Mann von Beobachtungsgeist den Schritten und Tritten der Väter unwiderstehlich nachforscht und durch diese Nachforschungen zu den glücklichsten Resultaten gelangt. Fahren Sie fort, mein theuerster Freund, die Bahn Ihres ehemaligen Lehrers Wenck zu betreten; widmen Sie fernerhin dem ehrwürdigen deutschen Alterthum Ihre Bemühungen und rechnen Sie zum Voraus auf den gerechten Dank aller Freunde des historischen und antiquarischen Studiums.

Beehren Sie mich forthin mit Ihrer unschätzbaren Freundschaft und Zuneigung und glauben Sie meiner Versicherung, daß ich nicht anders als mit Verehrung und Liebe an Sie denke. Darmstadt, den 21. Decbr. 1821. Ganz der Ihrige J. G. Zimmermann.

Verehrungswürdiger Freund. Wie Sie doch Ihres ehemaligen Lehrers immer eingedenk bleiben! Sobald ich im Herbst 1826 in den Hafen der Ruhe eingelaufen war, glaubte ich auf einmal von der Welt vergessen zu sein. Aber nichts weniger: gerade seit jener Zeit haben mir viele der edelsten, in und außer dem Vaterlande zerstreuten, Männer die rührendsten Beweise ihres unerloschenen Andenkens an mich gegeben. Zu diesen Theueren gehören auch Sie, mein verehrtester Herr Hofrath: liebevoll gedenken Sie mein und beehren mich freundschaftlichst mit einem Exemplar Ihrer neuesten antiquarischen und historischen Forschungen. Wahrlich, es ist doch nicht umsonst, vorzüglicher und wohlwollender Menschen

Um die Zeit, als St. in den öffentlichen Dienst getreten war (28. Juli 1808), begann er seine literarischen Arbeiten mit Abfassung kleiner historischer Aufsätze theils für die Morgenzeitung, theils blos zur Uebung für sich. In diesen Versuchen waltete die Romantik vor; es waren Ergüsse jugendlicher Phantasie auf Grundlage des Historischen und in soweit

---

Lehrer gewesen zu sein: man wandelt bei ihnen, wenn man auch in den Schatten getreten zu sein scheint, dennoch wie in den Strahlen der Sonne. Wie wahr und erhebend für den Lehrer zugleich sind Cicero's Worte: quis est nostrum liberaliter educatus, cui non magistri sui et doctores cum grata recordatione in mente versentur?

Durch die gütige Mittheilung des zweiten Theiles Ihres historischen Werkchens haben Sie mich Ihnen abermals zum größten Danke verpflichtet. Ueberaus schätzbar waren mir besonders die Nachrichten über Umstadt. Hier habe ich einst das Glück meines Lebens gefunden und viele meiner Tage wie in Arkadien verlebt. Alles also, was Sie über diesen mir unvergeßlichen Ort ausgeforscht haben, mußte für mich anziehend, mußte für mich von hohem Interesse sein. Nirgends in dem Städtchen haben Sie aber auch ein Winkelchen berührt, das mir nicht bekannt gewesen wäre, das nicht an eine liebliche Vergangenheit erinnert, das mir nicht die Sterne meiner früheren Tage vergegenwärtigt hätte. Verzeihen Sie, mein Theurer, wenn ich anfange, etwas plauderhaft zu werden; aber Sie wissen ja schon: senectus est natura loquacior.

Wenn ich mich doch einmal mündlich mit Ihnen unterhalten könnte, da ich eine historische Reliquie in die Hände eines vaterländischen Historikers, namentlich in die Ihrigen, gerne abgeben möchte. Wegen dieser Eröffnung wünsche ich über den Empfang dieses Briefchens nur mit einer Zeile eine Bescheinigung von Ihnen zu erhalten.

Mit unwandelbarer Freundschaft

der Ihrige

J. G. Zimmermann.

Darmstadt, den 18. Januar 1828.

Aus einem Schreiben vom 24. Januar 1828. Sie sind also Vater von 5 Kindern? Lasse der Himmel Alles, was Sie und Ihre Frau Gemahlin zur Bildung ihres Herzens und Geistes thun

ein nützlicher Anfang zu dessen späteren rein historischen Arbeiten, als hierin überhaupt eine befördernde Weckung seiner Liebe zur Geschichte lag, für die er bald nach diesem Anfange auf dem weiten Gebiete der Forschung nützlich zu werden beschlossen hatte. Nach mehrjährigen Vorstudien setzte ihn seine Uebersiedelung nach Seligenstadt (1814) auf einen diesem Vorhaben angemessenen Standpunkt. Hier und in der Umgegend des Mains fand er so zahlreiche Römerdenkmale, so viele

---

oder thun lassen, an ihnen gedeihen! Könnte ich doch, das Lehrbuch in der Hand, wie mir diese Freude bei vielen meiner früheren Selectaner zu Theil ward, auch noch Ihnen in Ihren geliebten Kindern meine Zuneigung und Liebe ausdrücken! Nun aber 74 Jahre über meine Scheitel weggeflogen sind, bleibt mir für die Lieblinge meiner ehemaligen theuren Schüler nichts übrig, als Wünsche und Segnungen. Leben Sie mit den geliebten Ihrigen wohl und glücklich. Ganz der Ihrige J. G. Zimmermann.

Aus einem Schreiben vom 4. Juni 1828. Verehrungswürdiger Freund! Sie haben mir durch Ihre Dedication eine ungemein große oder vielmehr eine zu große Ehre erwiesen. Hätte ich sie nicht als den Erguß Ihrer Freundschaft und Liebe gegen mich angesehen, so würde ich sagen, daß ich dadurch fast beschämt worden bin .... Ihre Ankündigung einer neuen hess. Regenten- und Landesgesch. wird den hess. Patrioten höchst angenehm sein. Nehmen Sie flink und rüstig die Arbeit vor und lassen Sie sich durch Schwierigkeiten und Bedenklichkeiten, auf welche Sie hier und da stoßen werden, ja nicht abschrecken. Mit Verehrung und Liebe ganz der Ihrige J. G. Zimmermann.

Ein Studiengenosse und Freund St., welcher mit Zimmermann in ganz nahen verwandtschaftlichen Verhältnissen stand, bemerkt unter Anderm in einem Schreiben an St.: „Alles was ihn in der wohlverdienten Ueberzeugung bestärkt, daß sein Andenken in den Herzen dankbarer Schüler lebt, ist Balsam für seine alten Tage. Ueberdies achtet und liebt er Dich so sehr, daß auch schon darum Alles, was von Dir kommt, ihm höchst angenehm und erfreulich ist."

Urkunden in Reposituren, so manche im Volke lebenden Ueberlieferungen und bei diesen reichen Quellen dagegen eine verhältnißmäßig so kleine und nur eine auf einzelne Punkte gerichtete Literatur, daß er vor Allem die Erforschung des Maingebiets von Obernburg an bis herab nach Offenbach für nöthig erachtete. Es erschien sofort im Jahre 1820 seine bereits zwei Jahre zuvor ausgearbeitete und angekündigte Geschichte der Stadt und Abtei Seligenstadt. Die günstige Aufnahme dieser ersten (dem Verfasser jetzt [1858] nicht mehr genügenden und in einer neuen Auflage zu verbessernden) Arbeit beförderte die folgenden und ließ auf sie nicht lange warten. In angemessenen Zeiträumen folgten die Geschichte des Freigerichts Alzenau, die Geschichte des Bachgaues (Obernburg, Dieburg, Babenhausen, Umstadt) in drei Theilen (zu deren Beförderung S. K. H. Großherzog Ludewig I. Unterstützungen bewilligte), sowie nach dessen Hinscheiden die Geschichte des Rodgaues (Steinheim, Heusenstamm) und zuletzt des Maingebietes und Spessarts unter den Römern. Letzteres Werk entstand in Auftrag des historischen Vereins für Unterfranken und Aschaffenburg, den Limes romanus im Spessart zu untersuchen, welchen er im Sommer 1834 nach verschiedenen Richtungen bereiste. Wie viele Aufschlüsse gab ihm hier die Autopsie (zum Theil in Begleitung seines kundigen Freundes, des Revierförsters Dr. Madler zu Miltenberg), und zu welchen Resultaten führte ihn dabei sein Nachdenken an der Hand römischer Autoren, worin bisher nie recht Verstandenes in Bezug auf das System „der Wehren" zu finden ist. Er entwarf dieses System in genanntem Werke und bewies es mit gutem Erfolge und als Anhaltspunkt für die darauf fortgesetzten Untersuchungen Anderer und des Verfassers, welcher hiernach ein größeres Werk theilweise ausgearbeitet hat und nach seiner Vollendung demnächst herauszugeben Willens ist.

Aus dem unserm Jubilar in geschichtlicher Beziehung so lieb gewordenen Gebiete des untern Mains, in welchem er durch zahlreiche Verbreitung seiner Werke auch außerhalb des

Kreises der Fachmänner da und dort im Volke Belehrung verbreitete, und jetzt bei der kürzlich von S. K. H. Großherzog Ludwig III. befohlenen Einführung der so nützlichen Ortschroniken die Arbeit der Geistlichen bezüglich auf den einleitenden Theil derselben, durch den Gebrauch seiner Werke bedeutend erleichtert sieht, — aus diesem Gebiete seines besonderen Forschens führte ihn, während des für obengenannte Arbeiten theilweise verwendeten Zeitraums, seine Thätigkeit oftmals auch auf andere Gegenstände: zuerst auf einen sehr fern gelegenen vor dem Forum der k. Akademie der Wissenschaften zu München, welche im Jahre 1821 über die Beschaffenheit des altdeutschen und altbayerischen Gerichtswesens in Bezug auf Oeffentlichkeit, Mündlichkeit, ihre Vortheile und Nachtheile, ihr Verschwinden, eine Preisfrage publicirte. Der Gegenstand erschien ihm als Jurist und Historiker von besonderem Interesse, und er hatte die Freude, seine hiernach ausgearbeitete Schrift unter den vier mit Preisen gekrönten zu sehen. An diese Arbeit schloß sich eine Abhandlung „über die Reste der Oeffentlichkeit, Mündlichkeit im heutigen deutschen Civilprozesse mit Hinweisung auf den alten Prozeß" in v. Linde's Zeitschrift für Civilrecht und Prozeß. Eine andere historisch juristische Abhandlung „über das Zehntrecht" befindet sich in Lippert's und Weiß's Archiv für Kirchenrecht.

Als St. im Jahre 1831 das Amt eines Historiographen erhalten hatte, beabsichtigte er Anfangs unter seinem Namen die Herausgabe eines Archivs für hessische Geschichte, glaubte jedoch später durch Anregung zur Stiftung eines historischen Vereins für diesen Zweck weit wirksamer werden zu können. Er ließ daher unter Vorlage eines Entwurfs künftiger Statuten, nachdem er zu Ausführung dieses Planes von Sr. K. Hoheit Ludwig II. die erbetene Erlaubniß erhalten hatte *), in meh-

*) Aus einem Großh. Cabinetsschreiben an Hofrath Steiner vom 3. October 1832. Se. K. Hoh. der Großherzog haben Ihren

reren öffentlichen Blättern hierzu Einladung ergehen, wobei ihn sein Freund, der Pfarrer Dr. E. Scriba, unter Einbringung einer Liste zahlreicher von ihm persönlich dafür gewonnener und zur Mitwirkung an einer historischen Zeitschrift befähigter Theilnehmer eifrigst unterstützte. Nach dieser Vorbereitung und einer auf den 1. Juni 1833 von St. ausgeschriebenen und von ihm mit einer Rede eingeleiteten Vorversammlung, in welcher ein aus dem Staatsrathe Dr. Eigenbrodt, Pfarrer Dr. Scriba, Hofgerichtsadvocat H. E. Hofmann und St. bestehender Ausschuß mit Ausarbeitung und Vorlage ausführlicher Statuten beauftragt wurde, erfolgte in einer weiteren Versammlung deren Genehmigung und die förmliche Constituirung des Vereins, dessen Bestehen sofort unter dem Protektorate des Höchstſ. Großherzogs Ludwig II. von Höchstdemselben sanktionirt wurde. Staatsrath Dr. Eigenbrodt, welcher sowohl bei Ausarbeitung, Vorlage und Genehmigung der Statuten, als auch bei allen andern Gelegenheiten sehr viel zum Zustandekommen dieses, Anfangs aus 100 Mitgliedern, später aus einer noch größeren Zahl bestehenden Vereins beitrug, und durch Einlieferung gründlicher Abhandlungen einer der Thätigsten des jungen Vereins war, erhielt durch einstimmige Wahl das Präsidium; außerdem wurden einstimmig gewählt: Archivrath Strecker zum Vicepräsidenten, Hofrath Dr. Steiner zum ersten,

---

Entwurf zur Errichtung eines historischen Vereins für das Großherzogthum Hessen mit Vergnügen empfangen und darin einen erfreulichen Beweis Ihrer Berufsthätigkeit und Ihres Eifers, die vaterländische Geschichtsforschung in allen ihren Theilen zu fördern, gesehen. Höchstdieselben billigen Ihr Unternehmen völlig, überlassen es Ihnen aber in Verbindung mit der sich bildenden Gesellschaft auf die Ihnen am zweckmäßigsten scheinende Weise Ihren Zweck zu verfolgen und Ihre gelehrten Arbeiten bekannt zu machen.

Aus einem andern Cabinetsschreiben vom 14. October 1833. Se. K. Hoh. haben das Programm zum demnächstigen Vermählungsfeste sehr gnädig aufgenommen und darin einen neuen Beweis Ihrer Anhänglichkeit an Höchstihr Haus und Ihres unausgesetzten Fleißes gesehen.

Pfarrer E. Scriba zum zweiten Secretär. Die Redaction des Archivs für hess. Gesch. hatte St. statutenmäßig zu besorgen, und es erschienen sofort unter seinem Namen vom Jahre 1835 an bis zum Jahre 1844 drei Bände ein Heft dieser Zeitschrift, in welcher die in der Anl. 29 bezeichneten Abhandlungen Nr. 31 bis Nr. 37 vorkommen. Zwei Abhandlungen: das Castrum Selgium, zur Urgeschichte der St. Seligenstadt und des Dorfes Celle, sodann das gräfl. katzenelenbogensche Schloß zu Darmstadt mit einem Grundplan, liegen für diese Zeitschrift bereit.

Bei einer in der Generalversammlung des hist. Vereins i. J. 1844 stattgehabten statutenmäßigen Neuwahl des Ausschusses schied St. als erster Secretär aus und es wurde an dessen Stelle der bisherige seit mehreren Jahren in Dr. Scriba's Function getretene zweite Secretär, Geh. Archivar (jetzt Staats-Archivdirector) Dr. Baur, St. aber in den Ausschuß gewählt, welchem er bis jetzt wahlmäßig stets angehörte. Jene Generalversammlung, durch welche ihm gewünschtermaßen der neue Standpunkt im Verein zugewiesen wurde, beehrte ihn „wegen seiner verdienstvollen Leistungen im Interesse des Vereins" mit einer anerkennenden Zuschrift (Chronik des h. V. 1844. S. 19).

Die oft angeregte Frage, welche Literaturschätze der ehemalige Kurstaat Mainz während dessen schwedischen Occupation im dreißigjährigen Kriege an Schweden verloren habe, hielt St. im Interesse der an mehrere angrenzende Staaten übergegangenen mainzischen Landestheile, insbesondere des hierbei stark betheiligten Großh. Hessen für wichtig genug, um nach den ihm hierüber zugekommenen glaubhaften Notizen achtbarer Correspondenten des Auslandes, hierin für das Vaterland zu wirken. Diese Indicien veranlaßten ihn daher vorerst zu einer Petition an den damaligen König von Schweden Karl XIV. Johann Majestät um Erlaubniß zu Recherchen in den königl. Archiven und Bibliotheken Schwedens, worauf ihm durch den k. schwed. Gesandten zu Berlin, Baron d'Olson brieflich mitgetheilt wurde „Sa Majesté Vous accorde avec plaisir l'autorisation de prendre connaissance et de tirer copies de manuscripts concernant l'Allemagne à l'epoque de la guerre de trents ans, qui se trouvent dans les Archives et les Bibliotheques royales en Suede et que Vous serez sur, Monsieur, de trouver dans les depôts l'acceuil et les facilités, que meritent les honorables recherches sur l'histoire de Votre patrie auxquelles Vous Vous êtes livré etc. Gewiß vielversprechende Aussichten zu Erleichterung der Arbeit und zu Ausführung des Planes, wonach St. diese Mühe unternehmen wollte. Dieser Plan war: nicht blos vorhandene, oftmals nur durch Zufall ans Licht gezogene literar. Schätze zu durchlesen, nach Umständen zu verzeichnen, zu extrahiren oder zu copiren, sondern auch und hauptsächlich nach bisher unbekannten mit dem Interesse und Wissen eines Deutschen an Ort und Stelle zu suchen, zu welchem Zwecke der Autopsie eine Untersuchungsreise in Schweden nothwendig erscheine, ein Plan, welcher bei den Meisten, die St. nach einer vorliegenden weitläufigen Correspondenz (von Dr. Friedemann in seiner Zeitschr. f. d. Archive benutzt) um Theilnahme anging, keinen Beifall fand und ihrer Ansicht „daß man, bevor eine Theilnahme geschehen könne, wissen müsse, was? und wo? irgend Etwas des Gewünschten vorhanden sei" nicht entsprach und somit scheiterte. Wie richtig aber Steiner's Ansicht war und zu welchen Resultaten er auf einer Forschungsreise in Schweden gekommen wäre, zeigt des Prof. Dr. Dudik's Werk „Forschungen in Schweden für Mährens Geschichte, Brünn 1852", welcher in Auftrag des nicht lange säumenden mährischen Landesausschusses im Jahr 1851 nach demselben Plane St. eine Reise nach Schweden unternommen und nicht allein für Mährens Geschichte, sondern auch für die des österreichischen Kaiserstaates, sowie für andere Zweige der Literatur viele interessante in jenem Werke niedergelegte Mittheilungen von daher mitgebracht hatte.

Das Hinscheiden Ludewigs I., Großh. von Hessen K. Hoh., dessen Zeitgenosse St. als Jüngling und Mann gewesen, war für ihn ein mächtiger Antrieb zur Bearbeitung seiner Geschichte, nach welcher viele Stimmen im Vaterlande Verlangen aussprachen: eine schwere Aufgabe hinsichtlich der zweckmäßigen Auswahl eines reichen Materials geschichtlicher Nachrichten und urkundlicher Quellen aus dem vielbewegten Leben und einer langjährigen fruchtbringenden Regierung dieses großen Fürsten. St. suchte sie durch Herausgabe eines im Jahr 1842 erschienenen Werkes zu lösen, dessen starke Verbreitung im In- und Auslande, insbesondere in den Gemeinden und unter dem Volke des Großherzogthums Hessen, sowie dessen Benutzung zu Abfassung einer im Lesebuch für Schulen befindlichen kürzeren Geschichte, wohl ein günstiges Zeugniß seines Werthes sein durfte, welcher auch von Seiten der Kritik anerkannt wurde (großh. hess. Zeitung von 1842, Nr. 286). Ein thätiger Beförderer desselben, sowie all' seiner früheren Werke überhaupt, war insbesondere der Höchsts. Großherzog Ludwig II., Höchstwelcher die Dedication desselben huldvoll aufnahm, ebenso S. Hoh. der damalige Erbgroßherzog (nunmehrige Großherzog Ludwig III. K. Hoh.), Höchstwelchem der Verfasser die Mittheilung vieler interessanten Materialien verdankt, und sich später, nachdem das Werk erschienen war, bei Gelegenheit der Ueberreichung eines hohen Schreibens S. M. des Königs Otto von Griechenland an den Verfasser, *) huldvoller freudiger

*) Dieses hohe Königliche Schreiben lautet wie folgt. Herr Hofrath Steiner. Die von Ihnen verfaßte Geschichte Ludewigs I., Großherzogs von Hessen und bei Rhein ist eine um so verdienstlichere literarische Arbeit, als sie dem Leser das Bild eines trefflichen Fürsten vor Augen stellt, welcher zu einer so stürmischen Zeit nicht nur die Selbstständigkeit seines Staates zu behaupten, sondern auch durch eine einsichtsvolle Regierung zu heben wußte. Für Mich hat dieses Werk noch ein besonderes Interesse wegen der innigen Verwandtschaftsbande, die zwischen der Großh. Hess. Familie und Mir bestehen. Ich habe demnach mit Vergnügen das Exemplar empfangen, welches Sie Mir übersandt haben, und verbinde mit dem Ausdruck Meines Dankes dafür die Versicherung Meiner besonderen Werthschätzung. Ihr wohlgeneigter Otto. Athen am 14./26. Dec. 1842.

Anerkennung des „in klarer Darstellung gut gearbeiteten Werkes" zu erfreuen hatte und deren auch rücksichtlich anderer Werke stets erfreut. *) Auf welche Weise noch andere hohe

---

*) S. K. Hoh. der damalige Erbgroßherzog beehrte ihn in dieser Beziehung mit folgenden huldvollen Schreiben. Mein lieber Herr Hofrath und Historiograph. Ich habe das Mir mit Ihrer gefälligen Zuschrift vom 10. d. M. übersandte Werk mit besonderem Vergnügen aufgenommen. Die mit großen Schwierigkeiten verknüpfte Bearbeitung desselben legt eben so sehr einen hohen Beweis von Ihrem unermüdlichen Eifer für Ihre literar. Unternehmungen ab, als Sie Sich dadurch ein neues Verdienst um die vaterländische Geschichte erworben haben, das zweifelsohne in der literar. Welt die gebührende Anerkennung finden wird. Empfangen Sie noch mein lieber Herr Hofrath für die Mir bewiesene Attention Meinen verbindlichsten Dank und halten Sie Sich zugleich Meiner besonderen Werthschätzung versichert. Ich bin Ihr wohlgewogener Ludwig, Erbgroßherzog von Hessen. Darmstadt, den 23. Dec. 1834.

Mein lieber Herr Hofrath. Ich habe Ihr Schreiben vom 6. d. M. erhalten und anerkennend Ihre Verdienste, die Sie Sich bereits im Gebiete der Geschichte und des Alterthums erworben haben, entspreche Ich Ihrem Ansuchen, das dermalen von Ihnen bearbeitet werdende neue Werk: Geschichte und Topographie des Römergebiets im Bereiche des Großh. Hessen mit Bezug auf Militäralterthümer und Anbau Mir dediciren zu dürfen, um so lieber, weil dasselbe ein erneuertes Zeugniß ablegt von Ihren rastlosen Forschungen in geschichtlicher Hinsicht, und Ich dabei zu der Erwartung berechtigt bin, daß dasselbe gleich Ihren früheren Werken nicht wenig zur Bereicherung der Kenntnisse im Gebiete der Geschichte u. des Alterthums beitragen werde. Empfangen Sie zugleich Meinen Dank für die Mir bewiesene Attention und halten Sie Sich Meiner besonderen Werthschätzung versichert. Ihr wohlgewogener Ludwig, Erbgroßherzog von Hessen. Darmstadt den 12. August 1835.

Mein lieber Hofrath Steiner. Das Interesse, welches Sie an Meiner Sammlung von Alterthümern nehmen, hat Mich sehr gefreut, und Ich sage Ihnen für den Beitrag, den Sie Mir zu derselben zu übersenden so gefällig waren, Meinen Dank.

Zugleich freue ich Mich, Sie bei dieser Gelegenheit Meines aufrichtigen Wohlwollens zu versichern, womit Ich bin, Mein lieber Hofrath Steiner, Ihr sehr wohlgewogener Ludwig, Erbgroßherzog von Hessen. Darmstadt, den 22. Juni 1846.

Häupter des Auslandes dieses Werk aufnahmen, zeigen die an den Verfasser erlassenen Zuschriften (in den Anlagen am Schlusse) und insbesondere drei in der Note *) abgedruckten, sowie die Verleihung der großen goldenen Verdienstmedaille von Seiten Sr. M. des Königs Karl XIV. Johann von Schweden **).

An die Geschichte Ludewigs I. schließt sich die im Jahr

*) Werthgeschätzter Herr Hofrath. Das Mir mit Ihrem Schreiben vom 5. August übersandte, von Ihnen verfaßte Werk „Ludewig I.' Großherzog von Hessen und bei Rhein" habe Ich zu erhalten das Vergnügen gehabt. Indem Ich Ihnen für die Mir dadurch bezeugte Aufmerksamkeit verbindlich danke, verbleibe Ich mit vorzüglicher Hochachtung Ihr wohlgeneigter Leopold. Carlsruhe, den 2. November 1842.

Ein früheres Schreiben vom 14. April 1832 lautet wie folgt: Mein lieber Herr Hofrath. Sie haben Mir mit Ihrem, unterm 2. d. M. übersandten Werke, wodurch Sie Sich um die Geschichte Ihres Vaterlandes ein besonderes Verdienst erworben, ein um so angenehmeres Geschenk gemacht, als solches wegen der verwandtschaftlichen Verhältnisse zwischen Meinem und dem Großh. Hess. Hause von besonderem Interesse ist. Empfangen Sie daher Meinen verbindlichsten Dank dafür, und die Versicherung der besonderen Achtung, womit Ich verbleibe Ihr wohlgeneigter Leopold.

Aus einem Schreiben des Bibliothekars S. K. H. des Erzherzogs Carl vom 12. Nov. 1842. Ich habe von S. K. H. dem Erzherzoge Carl den ehrenvollen Auftrag erhalten, für die Aufmerksamkeit, welche Ew. H. durch die Ueberreichung Ihres gründlichen und gediegenen Werkes „Ludewig I., Großherzog von Hessen" bewiesen, verbindlichst zu danken. Indem ich diesem Befehle mit wahrem Vergnügen nachkomme, benütze ich die Gelegenheit, E. H. die besondere Hochachtung zu versichern, mit welcher ich es mir zur hohen Ehre anrechne, mich einem so ausgezeichneten Gelehrten bestens empfehlen zu können."

**) Aus einem Schreiben des K. Schwedischen Gesandten Grafen von Wrangel, d. d. Hamburg den 4. Januar 1843:

Sa Majesté a reçu avec plaisir cet ouvrage sur le Grand Duc de Hesse et je suis chargé de Vous remettre Monsieur de la part du Roi mon auguste Souverain en reconnaisance de Votre livre une medaille en or a l'effigie de Sa Majesté.

1849 erschienene Ludwigs II, welche zusammen einen Abschnitt der großh. hess. Geschichte von 1790 bis 1848 bilden. Nicht allein daß in letzterem Werke hervorzuheben gesucht wurde, wie dieser durch Weisheit und Herzensgüte ausgezeichnete Regent mit consequentem Festhalten an den Reformen seines Vaters deren Entwickelung beförderte, wodurch ihm der Nachwelt stete Dank gesichert ist; sondern auch um aus der genannten ganzen Periode beider Regenten den Blick der Zeitgenossen von der Flachheit der damaligen Journalistenliteratur auf jene vielseitigen Staatsreformen, welche in ihrer Tiefe und Weisheit den Grund der Fortdauer in sich selbst tragen, zu lenken, und vor welchem alle Versuche thörichter Partheiweisheit zurückweichen müssen, hielt sich der Verfasser für verpflichtet, grade in jener revolutionären Zeit zu schreiben, wenn es Andern gleichwohl bedünken wollte, daß diese Arbeit für eine spätere ruhigere Zeit aufgehoben werden müsse.

Diesen beiden Werken der neuesten Geschichtsperiode gegenüber oder zur Seite, schrieb St. eine Geschichte Georg's I., Landgrafen von Hessen-Darmstadt (bis jetzt noch Manuscript und auf Subscription angekündigt), wodurch der Umfang der neuen Geschichte (1568 bis 1848) nach zwei Punkten bezeichnet erscheint, einerseits dem der Gründung und anfänglichen Beschaffenheit der Landgrafschaft, anderseits jener (seit deren Erhebung zu einem Großherzogthum) des neuesten Zustandes dieses Staates. Die zwischen beiden Grenzpunkten liegende Mitte, in welche die Geschichte der Landgrafen Ludwig V., Georg II., Ludwig VI., Ludwig VII., Ernst Ludwig, Ludwig VIII., Ludwig IX. und ein Supplement zur Geschichte Ludewig's I. gehört, kann, da in den bereits erschienenen Werken die Fäden zur Vervollständigung des Ganzen liegen und dafür absichtlich darin angezeigt sind, eingeschoben werden, wodurch ein zusammenhängendes Werk entsteht, welches St. zu vollenden hofft, wenn ihm die Vorsehung hierzu ferner Gesundheit und Kraft verleiht.

Wir haben bisher von zwei Hauptparthien histor. Arbeiten St. geredet: der einen über Forschungen im Maingebiete, welche eine Reihe Schriften lieferten, der andern über hess. Geschichte, für welche er durch Stiftung des histor. Vereins, Project zu einer Reise nach Schweden, und Herausgabe verschiedener Werke thätig war. Es folgt nunmehr noch die Aufzählung zweier andern Hauptpartien seines Wirkens, der einen über die Herausgabe eines Sammelwerks röm. Inschriften und der andern über kleinere Abhandlungen, welch letztere zusammengestellt einen starken Band vermischter Gegenstände liefern würde.

Im Jahre 1837 erschien St. Codex inscriptionum rom. Rheni in zwei Theilen, welchem ein Supplement nachfolgen sollte. Diesen Plan der Vervollständigung und Verbesserung gab St. später auf und er unternahm die Ausarbeitung eines neuen weit größeren Werkes (unrichtig zuweilen von Schriftstellern als zweite Auflage des Codex i. r. Rheni allegirt) nämlich des auf das Donau- und Rheingebiet erweiterten Codex inscriptionum rom. Danubii et Rheni, wovon bis jetzt drei Theile erschienen sind und der vierte unter der Presse ist. Dieses Werk ist auf sechs Bände berechnet und wäre jetzt im Drucke vollendet, wenn nicht inzwischen die Geschichte Landgraf Georg's I. hätte geschrieben werden müssen. Abweichend von der bisherigen, für den vorhabenden Zweck allerdings nothwendigen und nützlichen Editionsweise Anderer, die Inschriften nach Realien, Museen, Selekten, Ländern der neueren Zeit zu publiciren, entwarf er den Plan, sie für seinen Zweck nach dem Umfange der alten römischen Provinzen zu ordnen, und von diesem geographischen Standpunkte aus eine (im Codex inscript. rom. Rheni gänzlich fehlende) feste Basis, wodurch sich das Donau-Rheininschriftenwerk von dem des Rheins allein wesentlich unterscheidet, sowohl für die Geschichtsforschung zu geben, als auch damit ein großes Inschriftenwerk aller Inschriften des römischen Reichs in sofern anzubahnen, als hiernach andere Herausgeber röm. Inschriften sich nach Provinzen in die Arbeit vertheilen könnten, wie denn gegenwärtig Mommsen bei Herausgabe seiner Inscriptiones regni Neapolitani und Renier in dem

Werke Inscriptions romaines de l'Algérie auch ihrer Seits nach dieser Sammelweise verfuhren.*)

*) Beim Erscheinen des Codex inscript. rom. Rheni 1837 gab Graf Borghesi zu Rom in den Annalen des archäologischen Instituts das. vol. XI. p. 123 seqq. unter dem Titel: Sulle iscrizioni romane del Reno del Prof. Steiner eine 34 Seiten große kritische Abhandlung, in welcher er am Schlusse sagt: „Ma ritornando per ultimo al ch. Steiner noi abbiamo inteso con estrema soddisfazione, che dopo averci regalato le lapide del Reno, delle quali abbiamo tenuto discorso, mediti ora di darci egualmente quelle delle rive del Danubio. Delle qual' idea non possiamo che ampiamente commendario e per quanto è in noi confortario alla seconda impresa, nella ferma fiducia, che del suo nuovo lavoro, siccome del precedente, oltre a notizie di ogni genere, emergeranno lumi ulteriori per correggere ed ampliare la storia delle legioni."

In den Jahrbüchern des Vereins von Alterthumsfreunden im Rheinlande Th. XVII. S. 187 f. befindet sich eine Anzeige des Codex inscr. r. Danubii et Rheni von Professor Klein zu Mainz, ferner in dem Archiv für Kunde österr. Geschichtsquellen, IX. 86. und in den Sitzungsberichten der Akademie d. W. zu Wien, VIII. Heft III. IV. S. 218, wo unter Anderem folgende Stelle: „In die erste Kategorie gehören die umfangreichen Sammlungen epigraphischer Denkmale, größtentheils das Erbe des Riesenfleißes unserer Väter, von Apian, Laz, Gruter, Muratori, Donati, Doni u. A. bis herab auf Schönwiesner, Katanesich, Orelli, Zell, Steiner u. A. — Nie würden ihre reichen Sammlungen auf handsame Weise zu Stande gekommen seyn, wenn die Verfasser nur bisher Unedirtes hätten ausführlich und buchstäblich aufnehmen, bei früher Bekanntem aber lediglich auf Citate sich beschränken wollen."

Zugleich theilen wir hier folgendes Schreiben des päpstlichen Secretairs der lateinischen Correspondenz mit: Illustrisime Domine Domine colendissime. Ad Maximum Pontificem Pium IX una cum Tuis humanissimis litteris quatuor volumina perlata fuerunt, quibus vetustos saeculi III et IV christianorum titulos seu inscriptiones colligere voluisti ac germanica lingua fusius explicare. Quo de studio jussus sum ab Sanctitate Sua Tibi gratulari, Illustrissime Domine, simulque multas pro librorum munere gratias persolvere. Quae dum facio occasionem libenter arripio ut Tibi mei obsequii sensus impense profitear ac fausta et salutaria omnia enixe precor

Da die vier ersten Theile des genanten Codex die röm. Inschriften derjenigen Provinzen enthalten, welche Rom im alten Deutschland organisirte und besaß, so erscheint damit zugleich ein Codex inscript. rom. Germaniae, ein Quellenwerk für Deutschlands Urgeschichte seinem altgeographisch größeren Theile nach, zu welchem, um die dort (im Codex i. r. Danubii et Rheni) zuweilen durch Nachträge zerstreuten Inschriften und Verbesserungen in einem Ueberblicke zusammen finden zu können, ein besonderer Textband kommt, in welchem die neu revidirten Inschriften so genau wie möglich (nach Autopsie, Correspondenz, Zeichnungen, Papierabdrücken, Zusammenstellung der Varianten, Benutzung der neuesten besten Editionen, Analogie, Regel und Gebrauch) vorkommen werden, wodurch neben der Textrichtigkeit zugleich die in den vier Theilen befindlichen Lesungen und Commentarartikeln dem Geschichtsforscher dargeboten werden, z. B. über die Civitates,

---

a Domino. Tui Illustrissime Domine humillimus et addictissimus servus Dominicus Zioramonti S. D. N. ab epistolis latinis. Wir bemerken zu diesem Schreiben, daß St. drei Theile seines Codex und ein Heft seiner Sammlung altchristlicher Inschriften eingesendet hatte und aus Versehen des päpstlichen Secretairs in dem Schreiben nur der letzteren Erwähnung geschehen ist.

Von Seiten des Ministers des K. Sardinischen Hauses erhielt St. folgendes Schreiben: Monsieur. Le Roi mon Auguste Souverain a reçu les trois volumes que Vous avez bien voulu Lui adresser sous le titre „Code des inscriptions romaines du Danube et du Rhin" et les a accueilli avec un vif intérêt. — Tout travail qui tend a faire marcher la science et à éclairer l'histoire est toujour sur d'obtenir l'agrément de Sa Majesté surtout lorsqu'il est elaboré avec talent et erudition. Ainsi daigna-t-Elle me donner ordre de faire placer Votre estimable ouvrage dans Sa bibliothèque Royale et de Vous offrir bien des remerciments pour ce gracieux hommage.

Je saisis avec plaisir cette occasion pour Vous assurer Monsieur de mes sentiments particuliers de considération distinguée. Le Ministre de la Maison du Roi. Turin le 13 Janvier 1857.

die Verwaltungsbezirke der Provinzen mit Aufzählung ihrer Namen und Hauptstädte unter Vergleichung derselben mit den unter dem Befehle der Duces limitum stehenden Lagerbezirken (Militärverwaltungsbezirke, Castra) in dem Donau- und Rheingebiet, namentlich in Bezug auf ihre zuweilen vorkommende besondere geographische Lage und deren Verschiedenheit von jener der Provinzen und Civitates, z. B. des Bezirks des Dux mogontiacensis unter Anführung des Grundes dieser hier an der Mainmündung nothwendig gewordenen militärischen Organisation, ferner über Straßensäulen, über das Verhältniß einheimischer Mark- und Gemeindegenossenschaften zur römischen Bezirksverwaltung, über den Einfluß dieser beiderlei Verfassungen auf die Entstehung der städtischen und landbezirklichen des deutschen Mittelalters, über die Verschiedenheit der röm. Ansiedelungsgenossenschaften in den Bezirken unter sich, als: coloniae, municipia, vici, praefecturae, conciliabula. Dieses und Anderes oft nach Inschriften, welche, wie St. versichert, eine Hauptquelle für Deutschlands Urgeschichte sind und nach seinen Commentarartikeln dafür immer mehr angesehen werden dürften.

Zur Vollendung dieses deutschen Urkunden- und Geschichtforschungswerkes im Drucke wünschen wir ihm alle mögliche wohlverdiente Unterstützung, und stellen auf dessen besonderes Verlangen an die verehrten Herausgeber ihrer in dieses Fach einschlagenden Schriften und Abhandlungen hiermit das Ersuchen, beim Allegiren des Codex i. r. Rheni den Codex i. r. Danubii et Rheni und die darin befindlichen Zusätze und Verbesserungen zur Hand nehmen zu wollen, wodurch mancher Anstand gegen jenen, als in letzterem beseitigt, wegfallen würde, wie kürzlich wieder ein Fall vorgekommen ist, s. Jahrb. d. V. v. A.-F. im Rheinlande, 13. Jahrgang I. S. 28 hinsichtlich der Inschrift Nr. 792, welche im Cod. i. r. D. et Rh. Nr. 1002 auf bessere und in der Hauptsache nach denselben Ansichten eines a. a. O. befindlichen Aufsatzes „über den Marmager Meilenstein" erklärt worden ist.

Was die kleineren Abhandlungen vermischten Inhalts betrifft, welche, wie wir oben berichteten, die vierte Hauptparthie der St. Arbeiten ausmacht, so wären sie alle nach dem Grundsatze des Verfassers „stets nur größere Werke zu bearbeiten" nicht erschienen oder nur in größere Arbeiten geflossen, wenn nicht theils mehrere Gelegenheiten zur Kundgebung freundlicher und theilnehmender Rücksicht, oder auch Amtspflicht, theils besondere Aufträge eine Ausnahme von dieser Regel zu machen geboten hätten. Aus dem einen oder andern dieser Gründe erschienen außer den bereits oben angezeigten Abhandlungen in den Zeitschriften von v. Linde, Weiß und Lippert und im Archiv f. hess. Gesch. die in der Anlage 29 angezeigten Arbeiten Nr. 11 bis Nr. 28.

Es ist natürlich, daß jede mehr oder weniger in die Oeffentlichkeit tretende literarische Thätigkeit sowohl im Interesse Derjenigen, die sich ihr widmen, als auch Anderer, welche davon Nutzen zu ziehen hoffen, oder überhaupt dafür gestimmt sind und einem Autor ihr Wohlwollen zu erkennen geben wollen, verhältnißmäßig zu gegenseitigen näheren Bekanntschaften, ja Freundschaften und Protectionen führen, aus deren Mitte bei persönlicher Annäherung auch briefliche Mittheilung erwächst, welche mit der Befriedigung, wenn auch mit Opfern und Schwierigkeiten ein Ziel erreicht zu haben, dem literarischen Leben die wahre Würze verleihen und den Fortschritt darin ungemein befördern. Aus dem reichen Inhalte einer großen Sammlung auf diesen Kreis bezüglicher Briefe an St., welche er seit dem Jahre 1820 angelegt und bis jetzt fortsetzte, haben wir für das Gesagte ein ihn ehrendes und den Abend seines Lebens erheiternde Beispiel. Werth, schon der Namen ihrer Verfasser wegen bekannt gemacht zu werden, *) dabei von

*) Einige dieser Schreiben mögen vorläufig hier eine Stelle finden. Viro praestantissimo Steiner M. Hassiae ducatus historiographo etc. S. P. Fridericus L. B. ab Reiffenberg. Liceat mihi sub Tuo patrocinio collegio Hassiae historico quaedam scripta offerre, Vobis

literarischem und manch anderm edeln persönlichen und Zeitinteresse, gedenket sie der Jubilar in einer angemessenen Auswahl seiner Autobiographie beizugeben, und können wir daher des Raumes wegen nur die Namen ihrer Verfasser und

---

prorsus indigna, sed verecundiae ac pietatis testimonium. Hassiam enim inprimis amo, utpote qui originem duco ab isto Friderico Reiffenbergio, quem diligebat Magnanimus ille Philippus, quemque, ut Landgravium, odio est persecutus Carolus Caesar V. Nunc operam navo cudendis olim Friderici Reiffenbergii germanicis versibus Gissae anno 1573 compositis. Sic, quantum potui, me Germaniae addictissimum reddo.

Vale vir praestantissime. Quae de Ludovico I. Hassiae Tuae restitatore, tam eleganter scripsiti, legi, relegi, miratus sum. Perge, sic itur ad gloriam. Mihi fave carissime Steinere facque ut collegae Tui doctissimi mihi etiam favere dignentur. Valeto iterumque valeto. Bruxellis die Kal. oct. MDCCCXLII.

Aus einem Schreiben des Geheimen Raths v. Gerning: . . . . Herzlichen Dank für das neue Opus. Fruchtbarer Geist! cohibe venam rief auch mein Herder mir zu! Preiswürdig ist Ihr unermüdlicher Fleiß, den ich zugleich unserm höchstverehrten Großherzog anrühmte. Der Krotzenburger oder vielmehr Kreuzburger sollte nunmehr Darmstädter werden und historiographiren und die Alterthumsgesellschaft ins Leben führen. Das ist auch unsers einsichtsvollen Herrn Generallieutenants v. Weyhers Ansicht, der Sie sehr schätzt. Huldvoll war die Antwort des Großherzogs, der mich schon seit 36 Jahren kennt und zuerst in Weimar sah, meinem Blüthengarten, als ich das dritte Mal von Italien zurück war. Im „Wilhelminen-Monat“ bin ich, wie gewöhnlich in Darmstadt, um dort wieder aufzuwarten und meinen alten Freund Schleiermacher und seinen Sohn zu begrüßen.

Aus einem andern Schreiben: Glück und Gedeihen auch zur baldigen Durchforschung des Spessartspfahlgrabens und wo möglich bis Pförring an der Donau. Seinen Umriß bis dahin von Wyk de Durstede an, glaube ich wohl nicht unrichtig bezeichnet zu haben, besonders am Taunus, wo ich ihn zu Pferd und zu Fuß eifrig und froh durchtrabelte. Dank Ihnen, daß Sie in der Hanauer Zeitung auch meiner deßhalb erwähnten, a laudato laudari! Wäre ich noch in Ihrem Alter, ich machte die Untersuchung mit. Aber

zwar derjenigen, welche bis jetzt mit Tod abgegangen sind, hier mittheilen. Sie sind folgende I. des Inlandes: Pfarrer Bauer, Domcapitular Dahl, Generallieutenant Frhr. v. Dalwigk, Geh. Staatsrath Dr. Eigenbrodt, Graf Franz zu Erbach-

---

non sum qualis eram, singula de nobis anni praedantur euntes etc., so sagte mein Horaz mit Recht. Herzlich freuen soll es mich, Sie und Ihre so gute Frau Gemahlin im nächsten Sommer in meinem lieben Taunum (Kronberg, wo v. G. eine Villa besaß) wieder zu sehen und zu bewirthen."

In einem spätern Schreiben bemerkt v. Gerning: „Ich darf mit Wahrheit sagen 1) den germanischen Ursprung des Ringwalls am Taunus mit dem seel. alten Habel zugleich behauptet zu haben, der 1804 mich in Homburg besuchte, wo unsere Ansicht zur Basis unserer antiquarischen Freundschaft wurde, 2) die örtliche Untersuchung des Pfahlgrabens von Wehrheim und Homburg bis Ems und weiter bis hinter Neuwied und gegen das Siebengebirg hin, 3) die Entdeckung, daß er nicht bei Braubach an den Rhein zog, sondern weiter fort bei Ems, 4) die Salburg als Castell des Drusus im Cattenland bezeichnet zu haben, 5) Cäsars Rheinübergang bei Bonn oder Neuwied . . . . . Der ewige Taunus grüßt mit der Schneeglatze Ihre unsterbliche Gersprenz.

Aus einem Schreiben des Regierungsdirectors Ritter v. Raiser zu Augsburg, d. d. Aschaffenburg den 9. Septbr. 1842. „Wie ich aus der Biographie dieses großen Ludewig I. ersehen habe, so muß dieses die wichtigste Periode der selbst durchlebten ewig welthistorisch bleibenden Zeit auf das erschöpfendste abhandelnde Werk dem Verfasser so zahlreicher historischer Schriften eine vaterländische und deutsche Bürgerkrone bringen . . . Die proponirte Zusammenkunft im schönen Busch möchte bei abnehmender Wärme des Tags zu viel von der Witterung abhängig seyn, und lade Sie daher auch Namens meines Sohnes und meiner Schwiegertochter ein, uns wieder, wie im vorigen Jahre die Ehre zu schenken, ein gewöhnliches aber durch freundschaftliche Gefühle gewürztes Mittagsmahl anzunehmen."

Der schönen historischen Preisschrift Ew. W. mit dem Motto „Laudas fortunam et mores antiquae plebis" ist eine akademische Medaille von 12 Dukaten zuerkannt worden. Ich ersuche Sie, mich gütigst in Kenntniß zu setzen, auf welchem Wege ich Ihnen diese

Erbach, Geheimerath und Oberbibliothekar Dr. Feder, Staatsminister v. Grolmann, Geheimerath und Bundestagsgesandter Frhr. v. Gruben, Regierungsrath Hardy (Vater), Regierungsrath Hardy (Sohn, Schüler des Jubilars), Finanzminister Frhr. v. Hofmann, Geh. Staatsrath Dr. Knapp, Gymnasiallehrer Dr. Lange, Geh. Legationsrath Frhr. v. Leonhardi (Sohn), Geh. Oberbaurath Dr. Lerch, Geheimerath und Professor Dr. v. Löhr, Hofgerichtsdirector v. Minnigerode, Geheimerath und Professor Dr. Nebel, Kreisgerichts-Vicepräsident Dr. Schaab, Geheimerath Schleiermacher (Vater), Prälat, Professor und Historiograph Dr. Schmidt, Pfarrer Dr. E. Scriba, Geheimerath Siebert, Geheimerath und Oberarchivar Strecker, Generallieutenant Frhr. v. Weyhers, Hofgerichtsdirector Weller, Geh. Staatsrath v. Wreden, Gymnasialdirector G. Zimmermann. II. des Auslandes: Professor Dr. Bärsch zu Hanau, Oberzollbeamte Boller zu Würzburg, Landrichter Engelhard zu Alzenau, Archivdirector Dr. Friedemann zu Idstein, Geheimerath von Gerning zu Frankfurt, Superintendent Prof. Dr. Großmann zu Leipzig, Inspectionsoberförster Hauk zu Fulda, Staatsrath

---

zusenden soll und verbleibe mit der größten Hochachtung und Ergebenheit E. W. ganz eigener Diener und Freund v. Westenrieder, k. Geheimer Rath, hiesiger Domkapitular und d. Z. funktionirender Generalsecretär der k. Akademie.

Aus einem Schreiben des Hochw. Bischofs von Fulda, Johann Leonard, vom 28. Juli 1838. Komme ich wieder nach Großkrotzenburg, dann wird es mir eine Angelegenheit sein, Ihre persönliche Bekanntschaft zu machen. Nur bitte ich E. W., Ihre Kräfte zu schonen und sich nicht allzusehr anzustrengen, wie ich aus dem Verzeichnisse der Arbeiten befürchte, welche Sie seit dem verflossenen Winter wieder angelegt und theilweise schon beendigt haben. Erhalten Sie Sich so nützlichen Beschäftigungen noch lange, für die so Wenige mit den nöthigen Kenntnissen und Fertigkeiten versehen sind. Gott stärke und erhalte Sie dazu. Kann ich Ihnen durch meine Empfehlungen nützen, so dürfen Sie derselben eben so versichert sein als der Hochachtung und Verehrung, womit ich verharre E. W. ergebenster Diener ꝛc.

v. Hefner zu Aschaffenburg, Kirchenrath Prof. Dr. Justi zu Marburg, Leonhard Pfaff, Bischof zu Fulda, Hofgerichtsadvocat von der Nahmer zu Wiesbaden, Regierungsdirector Ritter v. Raiser zu Augsburg, Archivdirector Friedr. v. Reiffenberg zu Brüssel, Staatsminister Graf Benzel-Sternau zu Emrichshofen, Geheimerath v. Schelling zu München, Pfarrer Vogel zu Kirberg im Nassauischen, Geheimerath v. Weiler zu München, Geheimerath v. Westenrieder daselbst.

Schließlich gedenken wir mit der Pflicht treuer Relation alles Dessen, was zum literarischen Wirkungskreise des Jubilars gehört und wie noch Anderes aus Anlaß einer Jubelfeier nicht übergangen werden dürfte, der ihm von verschiedenen Seiten des In- und Auslandes her zu Theil gewordenen Belohnungen und Auszeichnungen. Goldene Verdienstmedaillen verliehen ihm: S. M. der Kaiser Ferdinand II. von Oesterreich (Anl. 3), S. M. der König Friedrich Wilhelm III. von Preußen (Anl. 4 b.), S. M. der König Carl XIV. Johann von Schweden (Note S. 37), S. M. der König Maximilian I. von Bayern (Anl. 6), S. M. der König Ludwig von Bayern (Anl. 7 b.), J. M. die Königin Therese von Bayern (Anl. 8), eine goldene Preismedaille die k. Akademie der Wissenschaften zu München (Note S. 45); Brillantringe verliehen: S. M. der Kaiser Alexander I. von Rußland (Anl. 1), S. M. der König Christian von Dänemark (Anl. 10); eine kostbare Tasse mit dem Bildnisse des hohen Schenkgebers S. K. H. der Prinz Wilhelm von Preußen, Bruder Sr. Maj. des Königs Friedrich Wilhelm III. (Anl. 19). Die juristische Facultät der Universität Gießen ertheilte ihm (1832) mit den Worten „juris consulto celeberrimo, historiae scrutatori sagacissimo" das Ehrendiplom eines Doctors der Rechte, die Akademie der Wissenschaften zu München erwählte ihn 1832 unter Allerh. Bestätigung Sr. Maj. des Königs Ludwig zu ihrem correspondirenden Mitgliede. Zum Ehrenmitgliede wurde er ernannt: von dem archäologischen Vereine zu Rom, den histor. Vereinen zu Augsburg, Bamberg, Halle, Hannover, Hohenleuben, Meiningen, München, Rottweil, Sinsheim, Wetzlar,

Wiesbaden, Würzburg; zum correspondirenden Mitgliede: von den histor. Vereinen zu Altenburg, Berlin, Kassel, Leyden, Lübeck, Mainz, Minden; zum activen: von dem Vereine von Alterthumsfreunden im Rheinlande.

Zur Notiz für die Nachkommen möge hier noch bemerkt werden, daß auf Wunsch und Nachsuchen der Gemeinde= und Kirchenvorstände in die Urkundsteine folgender Neubauten als Geschenke des Jubilars eingelegt worden sind: Kirche zu Urberach (erbaut von Baudirector Moller) 1 Ex. der Gesch. von Seligenstadt, des Freigerichts und Bachgaues; Kirche zu Mainflingen (erbaut von demselben) 1 Ex. der Gesch. von Seligenstadt, des Bachgaues; Rathhaus zu Seligenstadt (erbaut von Geh. Oberbaurath Dr. Lerch) 1 Ex. der Gesch. von Seligenstadt, des Bachgaues nebst einer von St. verfertigten auf Pergament geschriebenen Urkunde, bei welcher Gelegenheit Bürgermeister Goi die auf diesen Bau geprägten Denkmünzen austheilen ließ; Schulhaus daselbst (erbaut von Kreisbaumeister C. Eikemeier) 1 Ex. der Gesch. von Seligenstadt, des Rodgaues; evangelische Kirche daselbst (erbaut von demselben) 1 Ex. der Gesch. Ludewigs I., Großh. von Hessen, nebst einer von St. verfertigten auf Pergament geschriebenen Urkunde; kath. Kirche zu Kleinwelzheim (erbaut von demselben) 1 Ex. der Gesch. des Rodgaues.

C.

Zum Schlusse einige Worte über des Jubilars bisheriges Wirken auch noch in andern außerhalb oben (A. B.) genannter Berufsarbeiten liegenden Kreisen seiner vielseitigen Thätigkeit.

Nicht zu gedenken Dessen, daß er, um freie Zeit des Tages für historische Arbeiten zu gewinnen, oft weit in die Nächte hinein mit anwaltlichen Elaboraten beschäftigt war, es geschah dieses auch zu verschiedener Zeit Jahre lang des Unterrichts seiner eigenen Kinder, sowie dabei jener mit ihm befreundeten Eltern wegen.

Die Anregung zur Stiftung einer evangel. Kirchengemeinde zu Seligenstadt, Steinheim mit Umgegend ging allein von unserm Jubilar aus, indem er im Jahr 1824 hierzu den Anfang gemacht und seit dieser Zeit bis zum Jahre 1847, dem Zeitpunkte der Einweihung der auf Kosten des Gustav-Adolphs-Vereins erbauten evangel. Kirche zu Seligenstadt, *)

---

*) Zur Erinnerung an das Fest der Kirchweihe (24. Sept. 1847) theilen wir folgendes Schreiben des Superintendenten Professor Dr. Großmann zu Leipzig an den Jubilar mit: E. W. haben die Güte gehabt, mir bei Gelegenheit der Kirchweihe in Seligenstadt durch freundliche Mittheilung Ihrer trefflichen Schrift über Gustav Adolphs Anwesenheit an jenem Orte einen Aufschluß zu geben, der für mich das höchste Interesse hat. Daß die Urgeschichte dieser Stadt mit der Römerzeit und mit der Geschichte Karl's des Großen in so vielfacher Beziehung stehe, war mir, dem Fremdlinge, bisher völlig unbekannt und ich bedauere nur, daß die Kürze der Zeit mir nicht gestattete, von sämmtlichen Localitäten der Stadt mehr als den Laurentiusplatz und die Laurentiuskirche darauf anzusehen. Des großen Glaubenshelden Gegenwart gerade an dem Platze der neuen Kirche war mir ebenfalls etwas Neues und hat das Interesse an der schönen und unvergeßlichen Festfeier nicht wenig bei mir und den anwesenden Centralvorstandsmitgliedern erhöht. Empfangen E. W. für die so reiche und anziehende Belehrung, die wir aus Ihrer Schrift geschöpft, meinen wärmsten und verbindlichsten Dank, mit der Versicherung, daß wir Ihren gründlichen Forschungen in den verborgenen Schachten der vaterländischen Geschichte den glücklichsten Fortgang und die vollste Anerkennung von ganzem Herzen wünschen. Gerade darin liegt ein Segen der Generalversammlungen des Gustav-Adolph-Vereins, daß sie dazu sehr wesentlich beitragen, uns Deutsche mit unserm großen herrlichen Vaterlande bekannt zu machen und die einzelnen Völkerschaften desselben miteinander immer mehr zu befreunden. Gewiß hat der moralische Sieg, den die gute Sache des Vereins durch Anerkennung seiner kirchlichen Qualität in Darmstadt davongetragen, auch Ihre volle Theilnahme erregt. Aber ich bin fest überzeugt und erkenne das deutlich an mehreren Merkmalen, daß der deutsche Patriotismus daran einen wesentlichen Antheil gehabt und daß der Pfarrer Le Grand aus Basel eine tiefe, beherzigungswerthe

anfangs allein (durch Schaffung eines Fonds von 200 fl. aus eigenen Mitteln, als dem Erlöse hierzu bestimmter Bücher seines Selbstverlags, Einsammlung der Beitrittserklärungen aller hier zerstreut wohnenden evangelischen Christen), später in Gemeinschaft mit Landrichter Berchelmann und Rentamtmann Melchior, deren bereitwilligen Bemühungen und eigenem großen Kostenaufwande die Gemeinde so Vieles zu verdanken hat, unterstützt von Außen, sich hierbei thätig bezeigt hatte, wie dies Alles in der oben angeführten Schrift „Gustav Adolph in Seligenstadt", worin die Namen der Beförderer und Mitstifter, unter ihnen insbesondere Prälat Dr. Zimmermann verzeichnet stehen, näher dargelegt ist. *)

Die Uebersiedlung St. von Seligenstadt nach Kleinkrotzenburg **) im Jahr 1825, veranlaßt durch Ankauf des der Abtei Seligenstadt vormals gehörigen Hofhauses daselbst und der Wunsch, seiner Advocaturgeschäfte wegen näher bei Steinheim, dem damaligen Landgerichtssitze, wohnen zu können, hatte bei

---

Wahrheit ausgesprochen, als er uns beim Festmahle in Seligenstadt mit Begeisterung zurief: „haltet fest an Gottes Wort und hütet Euch vor dem menschlichen Weisheitsdünkel! Haltet fest an Euren Fürsten und danket Ihnen für Eure glückliche Verfassnng! Haltet fest an deutscher Sitte und lasset Euch nicht durch die Wälschen bethören! Mit aufrichtiger Verehrung verharrend E. W. dankbar ergebenster Dr. Großmann. Darmstadt, im Augenblick der Abreise, den 26. Septbr. 1847.

*) Wir gedenken hierbei auch noch der Verdienste zweier Männer: des großh. Steuercommissärs Grüninger und des Rentmeisters Großmann zu Großsteinheim, welche sich dieselben um die evangel. Gemeinde daselbst dadurch erworben haben, daß sie zur schönen und zweckmäßigen Herrichtung des dortigen kirchlichen Locals im Schlosse, Anschaffung eines werthvollen Altartuches, silberner Gefäße u. A., theils aus eigenen Mitteln, theils durch einflußreiche Empfehlung der Sache bei verschiedenen Versammlungen des Gustav-Adolph-Vereins und andern dafür erwärmten Personen, reichlichen Fond einbrachten.

**) Dieses am linken Mainufer liegende Pfarrdorf kommt in alten Urkunden unter dem Namen: Crucenburg (von Crux das Kreuz) vor.

seiner Vorliebe zum Landleben die Einrichtung einer Oeconomie zur Folge, durch welche er, wie wir unten anführen werden, dieser Gemeinde nützlich wurde. *) Der Ankauf zweier hier

---

*) In der Gemarkung Kleinkrotzenburg befindet sich ein ohngefähr 60 M. großer Gütercomplex, früherhin meist Sumpf und ausgetorftes Gelände. Lange her bemühten sich die Parcellenbesitzer durch Erdausfüllungen ergiebigen Grasboden zu erzielen, immer jedoch vergebens: das Sumpfige herrschte überall fortwährend vor. Auch St. besaß hier eine Parcelle, sowie die Gemeinde mehrere dergleichen. So oft er den Rath gab „den längs des Complexes laufenden aber zu hoch liegenden Bach in grader Linie zu ziehen und sammt einer über ihn gehenden Brücke tiefer zu legen, wodurch das stehende Wasser gänzlich abziehen müsse und keine Erdausfüllung, vielmehr blos eine Planirung des vorhandenen Bodens nöthig sey, wollte Niemand etwas davon wissen, am wenigsten der damalige Bürgermeister, welcher sich für die Ausfüllung entschieden und daraufhin kostspielige Veraccordirungen der Arbeiten auf dem gemeinheitlichen Antheile, aber, wie schon bemerkt, ohne Erfolg vorgenommen hatte. Da war es Zeit, gegen ein solches Verfahren von dem Wiesenculturgesetze und den technischen Vorschriften des großh. Regierungsrathes Dr. Zeller Gebrauch zu machen, sofort die Hülfe des großh. Kreisamtes und des landwirthschaftlichen Vereins zu suchen, welche mit der größten Bereitwilligkeit die Entsendung eines Technikers (Geometer Müller) bewilligten, nach dessen Plan die Tieferlegung des Baches in grader Linie und der Brücke in Vorschlag gebracht, genehmigt und in den Jahren 1856 und 1857 so vollkommen erfolgreich ausgeführt wurde, daß das nunmehr trocken liegende, jedoch einer beliebigen Bewässerung leicht aussetzbare Gelände blos nur der eben in Arbeit genommenen Planirung bedarf, um in kurzer Zeit als guter, im Kapitalwerth um das Vierfache erhöhter Grasboden den von St. unter jener Voraussetzung schon lange vorausgesehenen reichlichen Ertrag zu liefern. Der großh. Bürgermeister Zilg, welcher im Jahr 1855 an die Stelle des verstorbenen, von welchem wir oben geredet, trat, folgte der besseren Einsicht und beförderte auf jede Weise die Ausführung des Planes zur Zufriedenheit seines Vorgesetzten, des in seinem Amtsbezirke um Verbesserung der Landwirthschaft verdienten und hierin erfahrenen großh. Regierungsrathes v. Willich zu Offenbach.

liegenden ehemals abteilichen Gärten von 12 M. mit Mauer umgeben und anderer Grundstücke, setzte ihn sofort in Stand, mehrere Jahre lang ein starkes Gut bewirthschaften zu können, wodurch ihm jedoch späterhin bei Vermehrung seiner Berufsarbeiten eine allzu hinderliche Last aufgebürdet erschien. Er entledigte sich daher derselben durch Verkauf all seiner Grundstücke und des Hofhauses bis auf einen der beiden Gärten am Main, in welchem er ein neues Wohnhaus mit Nebengebäuden aufführen ließ und eigenhändig viele Obstbäume und Weinreben pflanzte und erzog. Dieser Landsitz, den er seit 1838 bewohnt, erhielt den Namen „Ludewigshaus", zum Andenken an den Höchstsel. Großherzog Ludewig I., dessen Geschichte er hier schrieb.

Der Jubilar ist Vater von 16 Kindern aus zwei Ehen, wovon acht in verschiedenem Alter ihrer Kindheit und eine 20jährige Tochter starben. Unter den lebenden Kindern befinden sich drei auswärts versorgte Söhne (der älteste als Sprachlehrer, zwei jüngere als Musiker), zwei verheirathete Töchter, zwei Minderjährige. Seine erste Gattin Josephine, Tochter des Accisinspectors und Zollbereiters Fruth zu Seligenstadt, starb nach langjährigem Leiden im 36. Jahre, eine Schwiegertochter endete ihr junges Leben im Hause des Jubilars, bald nach ihr daselbst das einzige Kind ihrer Ehe mit seinem ältesten Sohne. Der Leiden und Sorgen viele kamen hiernach über ihn und der Störungen eine Menge in seinem Berufe. Dazu noch andere, welche ihm aus menschlichem Wahne und Eigennutz, Schwachsinne und Dünkel, Irrthum und Unwissenheit längst Verstorbener bereitet wurden. Mit dem Blicke nach Oben stärkte ihn jedoch sein gläubiger Sinn, vertrauensvoll zu erdulden, was ihm die weise Vorsehung zubeschieden hatte, Anderes dagegen unter Wahrung der Ehre zweier Hauptzwecke seines Lebens wegen: Bildung seiner Kinder, ihrer und der lebenden Mutter Versorgung, Ergebnisse seines Wirkens im Amte und wissenschaftlichem Berufe mit Opferbereitwilligkeit zu bekämpfen und jede Störung hierin nachdrucksvoll und mit befriedigendem Erfolge abzuweisen. Im Jahr 1830 trat er mit Pauline, der Tochter des verstorbenen Kaufmanns Cornelius Meyer zu Amsterdam in die zweite Ehe und feierte mit ihr am 14. Februar 1856 sein 25jähriges Ehejubiläum. Es naht nun der Tag seines 50jährigen Doppeljubiläums im öffentlichen Dienste und schriftstellerischen Wirken. Sein freudig hoffender Blick in die Zukunft mit dem Blicke der Erfahrung in die Vergangenheit zeigen ihn als einen, mitten in der Laufbahn emsiger Thätigkeit stehenden, Mann. Wir wünschen ihm hierin von jeder zugeneigten Seite her, wie bisher, so ferner eine ermuthigende Theilnahme, insbesondere an der Fortführung seiner wissenschaftlichen Forschungen.

P.

Anlagen.

Außer den in den Noten S. 35, 36, 37, 40 abgedruckten Schreiben hoher Häupter, lassen wir hier noch mehre andere durch Verleihungen, Inhalt, Autographie und Namen für den Jubilar, Mit- und Nachwelt merkwürdige folgen, welche an denselben gerichtet wurden.

1) Von Seiten Sr. M. des Kaisers Alexander I. von Rußland durch die Kaiserl. Russische Gesandtschaft zu Frankfurt.

Sa Majesté l'Empereur de toutes les Russies, ayant daigné agréer l'ouvrage, dont Vous Lui avez fait hommage, Monsieur, je suis chargé, de Vous faire tenir une bague enrichie au nom de mon Auguste Maitre, et il depend de Vous de la faire retirer quand Vous le jugerez a propos. Je suis trés parfaitement Monsieur Votre trés humble et obeissant serviteur.

Francfort s. M. le 8/20 Fevrier 1821.

Le Baron d'Anstett.

2) Von Seiten J. K. H. der Großfürstin Thronfolgerin Maria Alexandrowna von Rußland, geb. Großh. Hess. Prinzessin, jetzt Kaiserin von Rußland M., durch das Großfürstliche Secretariat.

Monsieur. Madame la Grande Duchesse Césarevna a reçu dans le temps l'histoire de feu le Grand Duc Louis II. que Vous Lui aviez adressée. Par suite de l'intérêt tout particulier que Son Altesse Impériale devait prendre a cet ouvrage, j'ai été chargé de Vous transmettre une marque de Sa bienviellance qui Vous parviendra par Mr. de Samsonoff, Aide de Camp de Monseigneur le Prince Alexandre de Hesse. Veuillez Monsieur m'accuser de cet envoi et agréer l'assurance de ma considération distinguée.

le 17 Août 1850. C. Labensky.

3) Von Seiten Sr. M. des Kaisers Ferdinand II. von Oesterreich durch die K. K. Gesandtschaft zu Darmstadt.

Ew. Wohlgeboren habe ich das Vergnügen zu eröffnen, daß Seine Majestät der Kaiser, mein Allergnädigster Herr, Ihren Codex inscriptionum romanarum Rheni mit Wohlgefallen aufzunehmen und Ihnen dafür die hier anliegende Gelehrten-Verdienst-Medaille in Gold zu bestimmen geruht haben.

Mit vollkommenster Hochachtung habe ich die Ehre zu sein Ew. Wohlgeboren ergebenster Diener

Frhr. v. Menßhengen,
K. Oesterr. Legationsrath und Geschäftsträger.

Darmstadt, den 6. Mai 1844.

4) Von Seiten S. M. des Königs Friedrich Wilhelm III. von Preußen.

a. Indem Ich Ihnen den Empfang der seit dem Jahre 1820 von Ihnen herausgegebenen historischen Schriften bekannt mache, habe Ich Sie Meines Dankes hierdurch versichern wollen. Berlin, den 10. Januar 1828.

Friedrich Wilhelm.

b. Ich habe die Mir von Ihnen am 29. Februar d. J. zugesandten Schriften empfangen und nicht unterlassen wollen, Meinem Danke für die Mittheilung die beikommende goldene Medaille als ein Angedenken beizufügen.

Berlin, den 7. April 1835.

Friedrich Wilhelm.

Letzterem Allerhöchsten Cabinetsschreiben lag folgende Zuschrift der königl. preuß. Gesandtschaft zu Darmstadt bei: Ew. Hochwohlgeboren bin ich sehr erfreut anliegend als ein Zeichen der Allerhöchsten Zufriedenheit mit Ihren durch mich an Seine Majestät den König beförderten Schriften ein die kleine Verdienst-Medaille enthaltendes Cabinetsschreiben auf Allerhöchsten Befehl überreichen zu können. Empfangen Ew.

Hochwohlgeboren meinen aufrichtigen Glückwunsch zu diesem neuen Anerkenntniß Ihrer Verdienste um die Geschichtsforschung; sowie die Versicherung der ausgezeichneten Hochachtung, womit ich verbleibe Ew. Hochwohlgeboren gehorsamster Diener

Frhr. v. Galen.

Darmstadt, den 13. Mai 1835.

5) Von Seiten Sr. M. des Königs von Schweden und Norwegen Karl XIV. Johann.

(S. oben S. 37 Note.)

6) Von Seiten Sr. M. des Königs von Bayern Maximilian I.

Herr Hofgerichtsadvocat Steiner. Ich habe Ihre Mir kürzlich zugeschickten historischen Schriften richtig erhalten und selbe mit vielem Vergnügen aufgenommen. Ich bezeige Ihnen mit Meinem Danke dafür den Beifall, welchen Ich jedem für bayerische Geschichte gelieferten Beitrage gerne widme. Empfangen Sie als ein Merkmal Meiner Zufriedenheit die anliegende Medaille und anbei die Versicherung der Königlichen Gnade, mit der Ich Ihnen beigethan bin. Ihr wohlaffectionirter

Max Joseph.

München, den 30. October 1820.

7) Von Seiten Sr. M. des Königs von Bayern, Ludwig.

a. Mein Herr Dr. Steiner. Ich habe die Mir übersandte von Ihnen als Programm auf die Vermählung Meiner vielgeliebten Tochter, der Prinzessin Mathilde, mit Sr. H. dem Herrn Erbgroßherzog von Hessen gefertigte literarische Arbeit empfangen und danke Ihnen für diese Ihre Theilnahme aussprechende Mittheilung. Seyen Sie des Königlichen Wohlwollens versichert, mit welchem ich bin Ihr wohlgewogener

Ludwig.

München, den 21. Januar 1834.

b. Herr Hofrath Dr. Steiner. Ich habe erst vor Kurzem Ihr neuestes Werk „Geschichte und Topographie des Maingebiets und Spessarts unter den Römern“, welches, Mir zugeeignet,

Sie durch Schreiben vom 11. December an Mich richteten, erhalten. Erfreulich sind für den Freund der Geschichte und des Alterthums Ihre fortgesetzten Forschungen, wodurch Sie die Kenntnisse in diesem Gebiete bereichern. Am nächsten werde Ich Mich mit diesem Ihrem Werke beschäftigen, wenn Ich im Laufe des Sommers die Gegend bewohne, deren Alterthümer Sie behandeln, und dieses wird das Interesse daran erhöhen. Ich erkenne die Aufmerksamkeit, die Sie mir erwiesen. Indem Ich Ihnen dafür danke, ersuche Ich Sie, beikommende goldene Medaille mit Meinem Bildnisse zum Angedenken zu empfangen, und es ist Mir angenehm, Sie wiederholt Meiner Werthschätzung zu versichern. Ihr wohlgewogener

Ludwig.

München, den 10. November 1835.

c. Herr Hofrath Dr. Steiner. Ich habe Ihre Zuschrift vom 26. November erst in diesem Monat erhalten. Immer dankbar sind die historischen Forschungen, und die Beiträge, womit Sie durch die Ihrigen die vaterländische Geschichte bereichert haben, hatten immer Werth für Mich. Gerne ermächtige Ich Sie für Ihre angekündigten neuesten Werke „Codex inscript. rom. Rheni und das Decumatenland" für Meine Privatbibliothek Meinen Namen in die Liste der Subscribenten aufzunehmen. Ich bin mit Werthschätzung Ihr wohlgewogener

Ludwig.

München, den 20. Januar 1837.

d. Herr Hofrath Dr. Steiner. Ich habe Ihre Zuschrift vom 29. v. M. und Ihr neuestes literarisches Werk „Codex inscriptionem rom. Rheni" zu empfangen das Vergnügen gehabt und danke Ihnen für diese Mir wiederholt bezeigte Aufmerksamkeit. Ich nehme stets lebhaften Antheil an Ihrem erfolgreichen Wirken in dem weiten Gebiete der Geschichte und Archäologie. Empfangen Sie entgegen die

erneuerte Versicherung Meiner besonderen Werthschätzung.
Ihr wohlgewogener

Ludwig.

Schloß Berg, den 12. August 1837.

e. Herr Hofrath Dr. Steiner. Dankend für das Mir gefällig überschickte Exemplar Ihrer Schrift „Ludewig I., Großherzog von Hessen und bei Rhein, nach seinem Leben und Wirken", dieser neuen Urkunde Ihres Fleißes in der Geschichtschreibung, erwiedere Ich Ihnen, daß ich vorhabe, befragliche Schrift bei Mir dafür werdenden Muße zu lesen. Der Ich anbei mit voller Werthschätzung bin Ihr wohlgeneigter

Ludwig.

Berchtesgaden, den 22. August 1842.

8) Von Seiten Ihrer Majestät der Königin von Bayern, Therese, durch das Secretariat J. M.

Ew. Hochwohlgeboren. Ihre Majestät die regierende Königin von Bayern hat mich zu beauftragen geruht, Ihnen für die Uebersendung des auf das Vermählungsfest Ihrer Königlichen Hoheit der Prinzessin Mathilde für Darmstadt angefertigten Programms den Allerhöchsten Dank zu bezeigen und als Beweis des Allerhöchsten Wohlwollens Ihnen anliegende goldne Medaille zuzustellen. Indem ich hiermit dem Auftrage Ihrer Königl. Majestät entspreche, bitte ich Sie, den Ausdruck meiner vollkommensten Verehrung und Hochachtung zu empfangen, mit der ich bestehe Ew. Hochwohlgeboren

Ministerialreferent Hofrath
Berks.

9) Von Seiten S. M. des Königs Otto von Griechenland. (S. Seite 35 Note.)

10) Von Seiten Sr. Majestät des Königs von Dänemark Friedrich VI., durch die K. D. Bundestagsgesandtschaft zu Frankfurt a. M.

Der unterzeichnete Königl. Dänische Bundestagsgesandte hat von seinem Allerhöchsten Hofe den Auftrag erhalten, für die durch ihn an Se. Majestät den König allerunterthänigst eingesandten zwei Werke des Herrn Hofraths Dr. Steiner Namens Sr. Majestät demselben zu danken und zugleich den beifolgenden Brillantring zu überreichen, welchen Allerhöchstderselbe dem Herrn Hofrath Steiner zu bestimmen geruht haben. Indem es dem Unterzeichneten zum besonderen Vergnügen gereicht, sich dieses Allerhöchsten Auftrages zu entledigen, darf er einer gefälligen Empfangsanzeige entgegen sehen.

Frankfurt, den 21. Januar 1836.

F. v. Pechlin.

11) Von Seiten Sr. M. des Königs von Sardinien, Victor Emmanuel.

(S. Seite 40 Note.)

12) Von Seiten Sr. M. des Königs der Belgier durch den Minister des K. Hauses.

Monsieur. Le Roi a reçu l'exemplaire de l'histoire de Louis I. Grand Duc de Hesse que Vous Lui avez adressé par Votre lettre du 11 Août p. Sa Majesté me charge de Vous exprimer tous ses remerciments pour cet envoi et Vous faire connaître en même tems, que d'après ses ordres Votre ouvrage a été deposé dans Sa bibliotheque particulière. Recevez Monsieur l'assurance de ma consideration distinguée. Le Ministre de la Maison du Roi. Bruxelles le 28 Octbr. 1842.

13) Von Seiten Sr. M. des Königs von Hannover, durch die K. Haus- und Chatulleverwaltung.

a. Se. Majestät der König, mein Allergnädigster Herr, haben das Allerhöchstdemselben zugesandte, von Ew. Hochwohlgeboren verfaßte Werk, „Ludewig I., Großherzog von Hessen und bei Rhein nach seinem Leben und Wirken" wohlgefällig anzunehmen geruht und mich beauftragt, Sr. Majestät Dank Ihnen dafür zu bezeigen, welcher angenehmen Pflicht ich mich hiermit entledige. Ew. Hochwohlgeboren gehorsamster

v. Malortie.

Hannover, den 25. April 1842.

b. Des Königs Majestät haben die von dem Herrn Hofrath unterm 25. d. M. nachgesuchte Erlaubniß zur Einsendung der jetzt erschienenen Lebensgeschichte Ludwigs II., Großherzogs von Hessen, zu ertheilen geruht. Der Allerhöchste Befehl für die unterzeichnete Verwaltung geht dahin, den Herrn Hofrath davon zu benachrichtigen und im Voraus schon demselben für die bezeigte Aufmerksamkeit den Dank Seiner Majestät auszudrücken.

Hannover, den 30. November 1849.

v. Malortie.

14) Von Seiten Sr. M. des Königs von Würtemberg durch den k. Staatsrath v. Goes.

Ew. Wohlgeboren habe ich die Ehre, auf Befehl Seiner Majestät des Königs von Würtemberg, meines gnädigsten Herrn, zu eröffnen, daß Se. K. Majestät das Höchstdemselben eingesendete Exemplar Ihres Werkes „Ludewig I., Großherzog von Hessen und bei Rhein", mit Wohlgefallen aufgenommen haben und Ihnen für die durch dessen Einsendung Höchst Ihnen bewiesene Aufmerksamkeit Ihren gnädigen Dank bezeigen lassen. Indem ich diesen mir gewordenen Allerhöchsten Auftrag gegen Ew. W. hiermit vollziehe, habe ich die Ehre die Versicherung meiner vollkommensten Hochachtung beizufügen.

Baden, den 12. August 1842. Goes.

15) Von Seiten Sr. K. H. des Großherzogs von Hessen Ludewig I., durch das Großh. Cabinetssecretariat.

a. Ew. Wohlgeboren habe ich die Ehre zu benachrichtigen, daß Se. K. H. der Großherzog die Zueignung der Geschichte der Stadt Seiligenstadt sehr gnädig aufgenommen und mir befohlen haben, Ihnen die Beilage als Beitrag zur Subscription zu überschicken. Es gereicht mir zum wahren Vergnügen, die Versicherung der vollkommensten Hochachtung zu erneuern, womit ich die Ehre habe zu seyn Ew. Wohlgeboren g. D.

Darmstadt, den 28. Februar 1820.

Schleiermacher.

b. Ew. Wohlgeboren habe ich die Ehre zu benachrichtigen, daß Se. K. Hoheit die neueste Schrift ganz so aufgenommen haben, wie Sie es nur wünschen können und Sie zu ersuchen, das Beiliegende als ein Kennzeichen der Höchsten Werthschätzung anzusehen. Es gereicht mir zum wahrsten Vergnügen 2c.

Darmstadt, den 13. October 1821.

Schleiermacher.

Noch acht andere Schreiben ähnlich lautenden Inhalts und Allerhöchsten Anerkenntnisses Sr. K. H. Ludewigs I.

16) Von Seiten Sr. K. H. Ludwigs II., Großherzogs von Hessen.

(S. Seite 31 Note.)

17) Von Seiten Sr. K. H. Ludwigs III., Großherzogs von Hessen.

(S. Seite 36 Note.)

18) Von Seiten Sr. K. H. des Prinzen Wilhelm von Preußen, Bruders Sr. Maj. des Königs Friedrich Wilhelm III. von Preußen.

Die Mir mit Ihrem Schreiben vom 20. März d. J. gefälligst überschickte Geschichte von Seligenstadt habe Ich erhalten und mit besonderem Interesse gelesen. Indem Ich in deren Mittheilung einen Beweis Ihrer Aufmerksamkeit gegen Mich erkenne, für welchen Ich Ihnen verbindlichst danke, ersuche Ich Sie zugleich, beikommende Tasse als ein Zeichen Meiner Achtung gefälligst anzunehmen, mit welcher Ich beharre.

Wilhelm, Prinz von Preußen.

Berlin, den 2. Juni 1820.

Bemerkung des Verfassers dieser Biograghie: Die schöne reich vergoldete Tasse ist mit dem Bildnisse des Prinzen Wilhelm versehen.

19) Von Seiten Sr. K. H. des Kurfürsten von Hessen Wilhelm I.

Die Mir vom Hofgerichtsadvocat Herrn Steiner überreichte Geschichte der vormaligen Abtei Seligenstadt habe Ich empfangen und bezeige dafür Meinen erkenntlichen Dank. Des Verfassers fleißige Bemühungen und Kenntnisse gehen daraus deutlich hervor und wird daher diesem Werke der verdiente Beifall nicht ermangeln.

Cassel, den 3. November 1840.

Wilhelm K.

20) Von Seiten Sr. K. H. Friedrich Wilhelm, Kurfürsten von Hessen.

Wohlgeborner Herr Hofrath Dr. Steiner. Die Mir übersendeten Exemplare der von Ihnen herausgegebenen Geschichte Ludewigs I., Großherzog von Hessen K. H., habe Ich erhalten. Ich bezeige Ihnen Meinen aufrichtigen Dank für die Mir durch Mittheilung dieses Werks bewiesene Aufmerksamkeit und versichere zugleich, daß Ich mit Werthschätzung verbleibe Ihr wohlgeneigter

Friedrich Wilhelm.

Cassel, den 6. Februar 1850.

21) Von Seiten Sr. K. H. des Großherzogs Leopold von Baden.

(S. Seite 37 Note.)

22) Von Seiten Sr. K. H. des Großherzogs von Sachsen-Weimar Carl Friedrich.

Werthgeschätzter Herr Hofrath. Durch die Zusendung des von Ihnen herausgegebenen Werkes Ludewig I., Großherzog von Hessen, nach seinem Leben und Wirken, haben Sie Mir ein besonderes Vergnügen gemacht. Indem Ich Ihnen für Mir hierdurch bewiesene Aufmerksamkeit recht sehr danke, versichere Ich Sie zugleich Meiner vollkommenen Werthschätzung.

Weimar, den 20. September 1842.

Carl Friedrich.

23) Von Seiten Sr. K. H. des Großherzogs von Oldenburg durch das Großh. Cabinetssecretariat.

Ew. Hochwohlgeboren habe ich ergebenst zu benachrichtigen, daß Se. K. H. der Großherzog das von Ihnen übersandte, die ältesten Urkunden der Länder an der Donau und am Rhein enthaltende Werk mit Interesse entgegengenommen haben. Indem ich den Subscriptionspreis für 3 Exemplare hier beifüge, verbleibe ich mit vollkommenster Hochachtung und ergebenst

v. Grün,
Ministerial-Secretar.

Oldenburg, den 20. Mai 1831.

24) Von Seiten Sr. K. H. des Großherzogs von Mecklenburg-Schwerin Friedrich Franz.

Das von Ihnen verfaßte Werk Ludewig I., Großherzog von Hessen, habe Ich mit Vergnügen entgegengenommen und sage Ihnen Meinen aufrichtigen Dank für die freundliche Mittheilung dieses interessanten Buches.

Doberan, den 19. August 1842.

Friedrich Franz.

25) Von Seiten Sr. K. H. des Großherzogs von Mecklenburg-Strelitz Georg Friedrich.

a. Wohlgeborner, hochgeehrtester Herr Hofrath. Das von Ihnen verfaßte Mir von Ihnen übersandte interessante Werk „Ludewig I., Großherzog von Hessen ꝛc.", habe Ich erhalten und sage Ihnen für die Mir hierdurch erwiesene Aufmerksamkeit den verbindlichsten Dank und verbleibe mit vieler Werthschätzung Ihr wohlgeneigter

Georg Friedrich.

Neustrelitz, den 20. August 1842.

b. Wohlgeborner Herr Hofrath. Auch für den Mir übersendeten zweiten Theil der von Ihnen verfaßten Geschichte Ludewigs I. und Ludwigs II., Großherzoge von Hessen ꝛc., sage Ich Ihnen den verbindlichsten Dank und verharre mit vieler Werthschätzung Ew. Wohlgeboren wohlgeneigter

Georg Friedrich.

Neustrelitz, den 31. December 1849.

26) Von Seiten Sr. H. des Herzogs von Sachsen-Coburg.

Das von Ihnen Mir übersendete interessante Werk Ludewig I., Großherzog von Hessen und bei Rhein, habe Ich erhalten und sage Ihnen für die dadurch Mir bewiesene Aufmerksamkeit hiermit Meinen verbindlichsten Dank. Ich verbleibe Ihr wohlgeneigter

Ernst, H. zu S.=C.=G.

Coburg, den 9. September 1842.

27) Von Seiten Sr. H. des Herzogs Leopold von Anhalt-Dessau.

Wohlgeborner, hochgeehrtester Herr Hofrath. Für das Mir gefälligst überschickte Werk „Ludewig I., Großherzog von Hessen", sage Ich Ihnen Meinen verbindlichsten Dank. Indem Ich Mir von der Lectüre dieser einen Verwandten betreffenden gewiß sehr interessanten Schrift vielen Genuß verspreche, bin Ich mit vorzüglicher Werthschätzung Ew. W. ergebener

Leopold.

Dessau, den 5. September 1842.

Aehnlichen Inhalts liegen noch Schreiben vor von S. K. H. dem Herzoge in Bayern, ferner von JJ. HH. den Herzogen von Anhalt=Bernburg und Anhalt=Cöthen, weiter von JJ. HH. DD. den Fürsten Lippe=Detmold und Schaumburg=Lippe, Schwarzburg=Rudolstadt, Schwarzburg=Sondershausen, Reuß=Greiz und Reuß=Schleiz, des Landgrafen von Hessen=Homburg, der Fürsten von Thurn und Taxis, von Isenburg=Büdingen, von Löwenstein=Werthheim, welche in St. Autobiographie mitgetheilt sind.

29)

Verzeichniß

der im Zeitraume von 1808 bis 1858 bearbeiteten Werke und Abhandlungen des Jubilars.

I. Werke.

1) Geschichte und Beschreibung der Stadt und Abtei Seligenstadt, Sr. K. H. Ludewig I. dedicirt.
2) Geschichte des Freigerichts Wilmundsheim (Alzenau).
3) Geschichte des Bachgaues (Obernburg, Großostheim, Babenhausen, Dieburg, Umstadt), drei Theile.
4) Ueber das altdeutsche und altbayerische Gerichtswesen in Bezug auf Oeffentlichkeit, Mündlichkeit. Preisschrift.
5) Geschichte des Rodgaues (Steinheim, Heusenstamm, Seligenstadt), zur Feier der Vermählung Sr. H. des Erbgroßherzogs Ludwig von Hessen mit J. K. H. der Prinzessin Mathilde von Bayern.
6) Das Maingebiet unter den Römern. Sr. M. Ludwig, König von Bayern, dedicirt.
7) Ludewig I., Großherzog von Hessen und bei Rhein, nach seinem Leben und Wirken, Sr. K. H. Ludwig II. dedicirt.
8) Ludwig II., Großherzog von Hessen und bei Rhein, nach seinem Leben und Wirken, Sr. K. H. Ludwig III. dedicirt.
9) Supplement zur Geschichte Ludewigs I., Manuscript.
10) Georg I., Landgraf von Hessen-Darmstadt, Manuscript; dieses und das vorhergehende sind auf Subscription angekündigt.
11) Codex inscriptionum romanarum Rheni, 2 Theile.
12) Codex inscriptionum romanarum Danubii et Rheni, 6 Theile, wovon 3 gedruckt sind, die übrigen im Manuscript vorliegen und der vierte Theil unter der Presse ist. Die vier ersten Theile bilden den Codex i. rom. Germaniae, wozu ein besonderer neuer Textband kommt, s. S. 41.

13) Geschichte des Patrimonialgerichts Londorf und der Freiherrn von Nordeck zur Rabenau. Nach vorliegenden später bekannt gewordenen Urkunden dürfte ein Supplement nachfolgen.

II. Kleine Schriften.

14) Caroline, Landgräfin von Hessen=Darmstadt, Programm zur Feier der Vermählung Sr. K. H. des Großfürsten Thronfolgers Alexander Nicolajewitsch von Rußland mit J. K. H. der Großfürstin Maria Alexandrowna, gebornen Großh. Prinzessin von Hessen und bei Rhein.

15) Georg I., Landgraf von Hessen=Darmstadt, eine historische Skizze, dem Gymnasialdirector J. G. Zimmermann dedicirt.

16) Ludwig II., Großherzog von Hessen, ein Nekrolog.

17) Sammlung und Erklärung altchristlicher Inschriften, Sr. Majestät dem Kaiser Franz Joseph von Oesterreich gewidmet.

18) Gustav Adolph, König von Schweden, im Jahre 1636 zu Seligenstadt, zur Feier der Einweihung der evangelischen Kirche daselbst im Jahre 1847.

19) Beschreibung der Schlacht bei Dettingen, zur Säcularfeier derselben am 13. Juni 1843.

20) Ueber die Lehnschaft des freiherrlich v. Fechenbach'schen Dorfes Laudenbach am Main, in Auftrag dieser Familie. Manuscript.

21) Das System der römischen Wehren in Anwendung auf die Oertlichkeit Darmstadt und das Neckargebiet in der Bergstraße, zur Feier des in diesem Programm angezeigten Jubiläums.

22) Das gräfl. katzenelenbogen'sche Schloß zu Darmstadt, mit einem Grundplan. Manuscript.

23) Das Castrum Selgium, zur Urgeschichte der Stadt Seligenstadt und Umgegend. Manuscript.

24) Städtische Polizeianstalten im Mittelalter. Manuscript.

III. Abhandlungen in Zeitschriften.

25) Frankenstein — Starkenburg, im Morgenblatte.
26) Die nassauischen Gauen, in den Annalen des Vereins für nassauische Alterthumskunde.
27) Das Freigericht Alzenau und Umgegend, in Hild's Blättern für Unterhaltung.
28) Antiquarische Forschungen und Anfragen, in der großh. hess. Zeitung von 1834, 1835, 1844, 1846.
29) Die Reste der Oeffentlichkeit, Mündlichkeit im heutigen deutschen Civilprozesse, in v. Linde's Zeitschrift für Civilrecht und Prozeß.
30) Ueber das Zehntrecht, in Lippert's und Weiß's Archiv für Kirchenrecht.
31) Geographische Bestimmungen der röm. Civitates im Gebiete des Großherzogthums Hessen, in dem Archiv für hess. Geschichte.
32) Die römischen Heerstraßen am linken Mainufer, daselbst.
33) Anmerkung zu Hofrath Wolf's Abhandlung über römische Hügel im bingenheimer Walde, daselbst.
34) Römische Civitätsrechte in der Wetterau, daselbst.
35) Anmerkungen zu Hofrath Wagner's Aufsatz über den römischen Wachtthurm bei Roßdorf, daselbst.
36) Zur Geschichte der Stadt Dieburg, daselbst.
37) Das Römerbad zu Seligenstadt, daselbst.
38) Zwei Recensionen über Dr. Lippert's Patronatrecht und dessen Archiv für Kirchenrecht befinden sich in der allgem. Kirchenzeitung und in der Jenaer allgem. Literaturzeitung.

Die kleinen Schriften und Abhandlungen von Nr. 14 bis 37 beabsichtigt der Verfasser in einem Bande von circa 36 bis 38 Bogen gesammelt herauszugeben.

Verbesserungen.

S. 22 Z. 8 v. o. st. Ober-Appell.-Präsident l. Ober-Appell.-Gerichts-Präsident.

S. 40 in der Note Z. 1 st. gab l. schrieb.

S. 47 Z. 13 v. u. st. König Christian l. König Friedrich VI.

Mehrere Ungleichheiten in der Orthographie wolle der Leser entschuldigen.

Kittsteiner'sche Buchdruckerei in Hanau.

WORMS

MANNHEIM